繁華重生

考古蓝田北宋吕氏家族墓园

张蕴 著

西安出版社

图书在版编目（CIP）数据

繁华重生：考古蓝田北宋吕氏家族墓园 / 张蕴著. — 西安：西安出版社, 2023.6

ISBN 978-7-5541-6591-1

Ⅰ.①繁… Ⅱ.①张… Ⅲ.①家族—墓葬(考古)—发掘报告—蓝田县—北宋 Ⅳ.①K878.85

中国国家版本馆CIP数据核字(2023)第047865号

繁华重生——考古蓝田北宋吕氏家族墓园
FANHUA CHONGSHENG—KAOGU LANTIAN BEISONG LÜSHI JIAZU MUYUAN
张蕴 著

出 版 人：屈炳耀
特约审稿：卫 峰
责任编辑：何 岸
张正原
责任校对：高英哲
出版发行：西安出版社
社　　址：西安市曲江新区雁南五路1868号曲江影视大厦11层
电　　话：（029）85253740
邮政编码：710061
印　　刷：北京雅昌艺术印刷有限公司
开　　本：787mm × 1092mm 1/16
印　　张：13.75
字　　数：185千
版　　次：2023年6月第1版
印　　次：2023年6月第1次印刷
书　　号：ISBN 978-7-5541-6591-1
定　　价：88.00元

序

当晓日的阳光随着时针的移动一寸寸越过探方东壁，又一寸寸沿着探方西壁滑向深处时，我的心不由自主地被它所吸引。当温暖明亮的光照耀在深深的探方底层时，那座隐匿在黄土下的屋宅便被包裹其中。眯起眼顺着这束灿烂的光线，我仿佛看到很久以前那些生活在这里的人们也曾沐浴着明媚的阳光，在一个繁华而富足的国都里忙忙碌碌地过着自己的日子。曾几何时，他们陆续完成了人生使命，离别了亲人、挚友、蓝天白云、亮丽阳光和人世间的所有，与那无尽的寂静黑夜为伴长达934年！今天，这束久违的阳光驱散黑暗、照亮墓室的同时也照亮了九百年后的考古人穿越时空去探索、认知那个神秘、繁荣、绚烂的文化盛世及其深埋地下、保存完整、建制齐全的一座北宋士大夫家族墓园和长眠于斯、曾经鲜活的人物与发生在他们中间的一个又一个或神奇、或悲凉、或发人深省、或感人泪下的往事……而这束纯粹明亮的阳光所带来的故事尚需从头讲起。

那是一个隆冬里的午夜，月光被厚厚的乌云遮住，原野上伸手不见五指。一片枝干交错的桃林密处，荒草覆盖的地面上有一个漆黑而深邃的洞口，几个夜行者正悄悄顺着绳索，踏着被火药炸开而凹凸不平的洞壁，小心翼翼地下至洞穴底部。然后又从洞底鱼贯进入一个掩藏在黄土层下十余米的、有着规矩微拱形顶和修整光滑壁面的洞室中。随着强光手电筒的照射，那些成堆掩在沉积的淤土中，让他们不惜代价，梦寐以求的宝物便隐隐可见。强烈的震撼之后，他们便喜不自胜、不择手段地疯狂挖掘。这一幕，就是2005年冬真实发生在陕西蓝田五里头村村北桃园中的一起古墓盗掘案。

此案于2006年初为西安市公安局刑侦大队破获，主犯吕富平等被抓捕治罪，收缴之近百件（组）文物，现藏于陕西历史博物馆。该批文物大部分属北宋遗珍，经媒体曝出后立即受到学界极大重视并引发社会各界关注。因此，陕西省考古研究院受命组队对该区域进行详细考古调查与发掘，我有幸自始至终参与并主持了这项工作。

目录

第四章 精致生活

第五章 历历故人还

附录

第一章

桃园旧事

在西安市东南方30千米处，有一个古老而令人向往的地方，那里青山巍峨、碧水如蓝。传说上古女娲补天后剩下数枚五彩石头，云游途经此地时，看到朝霞映衬中的山水钟灵毓秀、壮美异常，从而引发无限爱慕，遂将彩石种于山上，从此这山中便盛产美玉，而这个神奇的地方就是蓝田。“蓝”有美玉之意，“田”指种玉之土。

依霞而居的人们

在蓝田县城之西五里处，坐落着一个名叫“五里头”的村庄，它南临灞水与白鹿原隔河相望，北依河流台地同临潼金山遥遥以对。村北碧绿的麦田和芳菲的桃园就是故事开始的地方。

在经历了那场古墓盗掘案后，本着《文物保护法》中对文物与遗迹以保护为主的原则，县文物部门曾派专人昼夜看护着桃园中的那片神秘土地，希望将深藏其中的文化遗存尽可能保全下来留给后人。但巨大的利益诱惑驱使一些不法之徒一次次铤而走险，两次武装盗掘之后，第三次的盗墓贼竟是一家三口，孩子在洞口望风，夫妻二人倒是同心协力下墓挖宝。严峻的事实不容犹豫，看来抢救性考古发掘已迫在眉睫。经国家文物局批准，陕西省文物局主持召开了省、市、县三级有关部门协调会，确定对蓝田五里头北宋墓地进行抢救性发掘。这是一项迫不得已的决定，也是当时最行之有效的举措。从这时起，蓝田五里头北宋吕氏家族墓园考古工作便正式拉开序幕。

图1 盗洞

记得那是2006年11月的一个忙碌的下午，我边整理案上的东西顺便看一眼墙上的挂钟，“啊，已经5点了，时间过得真快”。这时桌上的电话忽然响起，听筒那端传来了院长的声音：“张蕴，带上刘思哲马上跟我去工地，详情车上再说。”就这样，我第一次来到了蓝田县五里头村村北的这片黄土地，第一次看到了那片桃树林，也第一次看到那深不见底的盗洞（图1）。

从现场回来后，田野考古准备工作便紧锣密鼓地开展起来。首先是文字资料的收集。期间我们查阅了能找到的与该墓葬有关的宋代文献；浏览了当时已发表的几乎所有宋代墓葬考古资料，尽量做到心中有底。接下来就是对被盗墓葬周边田野、地形地貌、已知文化遗迹进行实地踏查，并深入附近村落了解历史传说、民间见闻等，以搜寻与考古项目有关之信息。在前两项工作的基础上，将所得调查结果与文献、县志记载的有关内容及新中国成立后三次文物普查资料对照核实后从而推定：此地乃蓝田北宋吕氏家族墓地所在范围，而且被盗墓葬附近田垄间还残留纸钱、纸灯，说明吕氏后人至今仍有祭祀活动。但是，距墓地最近的五里头村中仅有一户吕氏村民，据《蓝田县志》载：五里头村为明、清时期流民聚集而成。北宋吕氏属关中名门望族，落户蓝田已近千年之久，故其府邸庄园当不在此处。那么，吕氏家族历经千年繁衍后其家族后裔又在何方呢?

五里头村的老村主任磕掉旱烟锅里的烟灰，指着东北方说："吕家人现在就住在离咱村六里地的乔村呐，那里有二三百户姓吕的人家，他们的先人埋在这块墓地里，每逢大年初一族里人都会来祭祖咧。"原来，乔村竟是吕氏后裔的定居地点，看来乔村是我们打开神秘的吕氏家族和这片古老墓园的金钥匙。

于是在那个仲夏的清晨，在那个空气中弥漫着原野里庄稼与泥土芳香的清晨，我们登上了太尉原顶，向着东方眺望，在乡间公路的尽头，我第一次看到了乔村，这个与我的蓝田之行有着密切关系的古老村庄。初升的朝霞将田地与道路染得一片金红，霞光的正中是安宁质朴且蕴含着庄重的乔村。瞬间，我觉得它就是霞的故乡、是霞的家，万道霞光从它的怀中飞出照亮了大地；又好像这满天美丽云霞竟是一幅嫣红的屏幔，拥托着古老的村庄，令它有所依而更坚实。那些依霞而居的人们，就是我要寻找的北宋吕氏家族后裔。

这是一个神奇的村落，它高傲地矗立在两条小河间的台地上，视野开阔又与众不同。村庄坐北向南、布局整齐而错落有致，一条不宽却平坦干净的柏油路贯穿村庄南北。在一座屋檐下挂满了玉米的农家小院里，我们与吕家长者、现今已七十多岁的吕相波先生围着小桌坐在树荫下，听他娓娓讲述着这个古老家族的故事。

你们知道吗？为什么这里叫乔村？因为古时这个“乔”字通“侨”居的侨字，单从字意便可知，北宋吕氏先祖是从异地迁徙并定居于此，故名乔庄，后又改为乔村。因爱蓝田山水风光，祖茔亦随之挪移至此，方有了埋葬着蓝田北宋吕氏嫡系子孙的现五里头村吕氏祖茔。与所有大家族一样，同宗同族中成员贫富亦有差别，富裕者为帮助穷人，往往支使其做些力所能及的活路以赚钱养家。你们看到的五里头村中唯一的吕姓庄户，正是当年先祖派遣看守祖茔的吕氏远房宗亲后人，所以才独门独户居住于墓园一侧。世世代代，吕氏家族遵循古制，看墓人可耕种墓园内闲置土地为生，每年初一家族大祭祀后，由看墓人为参祭人员提供饭食一顿，算作无偿使用土地之回报。这规矩一直沿用到1949年前，而看墓人也祖祖辈辈将这一职责传承下来。新中国成立后，大型祭祀虽然稀少，但每逢初一，族人仍要拜祭祖先以表拳拳孝心。那些纸灯纸钱就是后人们为照亮先人回家过年的路而准备的。

由于墓园周边自然条件较好，近千年来不断吸引一些流民散户定居此地，逐渐形成了今日的五里头村。尽管村中姓氏繁杂、人口众多，但吕姓血脉却唯有一户。

说到乔村中二百余户吕姓族人，老人自豪地说：我们都是北宋著名政治家、理学家、金石学家吕氏四贤——吕大忠、吕大防、吕大钧、吕大临之后。现村中吕氏仍有门第所属，比如我家即是宋哲宗朝名相吕大防后裔，族中称二门后人。而大忠、大钧、大临子孙也分别号称“大门、三门、四门”。近千年来，族人秉承先贤的教诲与传统，和睦地居住、生活、劳作在这块土地上，世世代代繁衍生息。

乔村之行受益匪浅。首先，吕老先生所讲的吕氏祖茔位置与蓝田县文物普查资料及被盗墓葬发生地点完全吻合，而被盗掘出土的大批北宋瓷器则进一步证实，蓝田北宋吕氏家族墓葬区确切地点就在五里头村北四组所属桃园和周边麦田中。其次，这次调查明确了蓝田北宋吕氏庄与家族嫡系茔地的相对应位置、彼此间之血亲关系。而最令人感叹不已的是：蓝田北宋吕氏传世近千年之久，族人仍能敬孝祖先、友悌宗亲，彼此间门第清晰、亲脉明确，实属古今世上一段佳话。

地下未知的世界

考古调查基本结束后，下一段的工作重点是考古勘探与地形地貌测绘。考古勘探是田野考古非常重要的准备工作，一个详细的、高质量的勘探能为将要进行的考古发掘提供地下遗存的第一手资料。通过对它的研究，可初步认知并有的放矢地计划安排田野考古工作步骤。近年来，虽然勘探领域也介入不少科技手段，比如：红外线遥感技术、磁力线遥感技术、地震波技术等，但最直观、最准确的方法依然是传统的洛阳铲勘探技术。洛阳铲曾是一种专用盗墓工具，有经验的探工可通过铲头带上来的泥土与包含物推测地下的文化遗存性质与大致年代。据说，这种长杆下装有凹槽铲头的器具，源于明代洛阳一位叫李鸭子的专职盗墓人，故名洛阳铲。洛阳铲的出现不容置疑地成为了解地下黑暗世界的一缕期望之光。后来，洛阳铲被田野考古所利用，并在应用实践中根据不同地域、土质进行了适应性改良，使其成为考古发掘必备工具之一。

为了全面、细致、准确地反映地下遗存状况，本次考古勘探进行了两次大范围普探和三次有计划详探。普探，顾名思义，是在调查基础上所圈定之区域内进行地毯式勘探，寻找整个遗存的分布位置、分布范围、分布基本状况以及内涵。普探的结果令人振奋，这应该是一个有着边界兆沟、15～20座墓葬、一片建筑遗址的颇具规模之古代墓园。下一步的详探，则是在普探基础上对具体遗存进行深入勘查，例如对墓葬要掌握其大致深度、形制状况、结构规格。但是，这片墓地却有许多不同一般的地方。当洛阳铲探至地表下0.7米左右处，墓葬的竖井式墓道开口便纷纷显露。按常规，继续深入探查其墓室深度、位置、大小应在可掌握之中，但接下来的勘探结果十分出人意料，深入10余米后不但未见墓室，反而遇到一层厚而密集的砾石层，犹如石板一块挡住了生铁铸就的洛阳铲头，使得寻找墓室的勘探无法继续！幸好墓道开口已现，未来的考古工作只能从这里入手，步步为营、谨慎探索了。无独有偶，在建筑遗址的勘探中也遇见了不能深入下去的尴尬。与墓葬不同的是，建筑遗址表面覆盖土层厚度仅有0.1米左右，其下堆积着大量砖瓦与建筑废弃物，洛阳铲根本无法探入，故遗址准确位置、分布状况、尺寸规模皆不可尽知。由于详探资料的局限性，使后期的发掘工作艰难而不可预知。上述事实不容争议地表明：洛阳铲在考古勘探中有着不可替代的重要作用，但是也存在着难以弥补的缺陷。因此，科技手段介入的进一步深化、细化、精准化应是考古勘探领域之朝阳事业。

考古测绘是将考古区域及周边地形地貌以等高线的形式绘制成图，待田野考古结束后，所发掘之各类遗存便可科学准确地标注于图上，成为考古发掘的重要资料之一。记得测图时正值严冬，原野中北风呼啸，测绘师带着技工踏着冻硬的土埂、撩开枯黄的野草，用冰冷僵硬的手努力捉住标杆，凛冽的寒风中时时传来他们传送数据的喊声，在这样艰苦的环境中，全站仪测绘整整进行了15天。后来一位技工说：冬至那天特别冷，我穿着的军大衣好像纸糊的，说实话我冻得真想哭啊。其实，作为一个从事考古几十年的专业人、该项目领队、本文作者，我也想说句实话：田野考古一旦开始便没有星期天、节假日，没有酷暑严寒之分，每一天都要按程序不间断地工作，因为已经揭开的文化遗迹必须尽快清理、不容耽搁！这就是考古人的天职。其中的艰难与辛苦、其中的愉悦和收获，也只有经历过的人方能品出个中滋味。

迷雾缭绕的坟冢

经过近两年的前期各项准备工作，田野考古发掘终于要正式开场了，发掘面积包括整个桃园和部分麦田，通过与村干部及责任田主的反复协商，最终决定考古发掘分两期进行，麦田中的古墓葬成为首选。2008年6月13日，是深深印在我记忆中的一天。一大早考古队员便全体来到用彩钢板隔离好的操作空间内，小麦已经全部收割，地上留下的麦茬仍然泛着新鲜的金黄色，我们郑重地鸣鞭炮致鞠躬礼，向九泉下的先贤深表敬畏之意，并承诺妥善掩埋遗骸以告慰亡灵与后世子孙。然后，随着铁锹的上下翻飞，这片沉寂的土地将逐步敞开它的胸怀，袒露出那深深吸引着我们的、未知的另一个世界。

为了尽量保存墓葬原貌和确保工作者人身安全与地下文物安全，发掘采用大揭顶方式，即在选定范围的表面布设多个10×10米探方，全面挖掘探方内土层，以搜索墓道开口之上坟冢遗迹并揭露竖井墓道的开口线，然后提取其中填土；而对墓道周边未经扰动土层亦同时下挖，以寻找深藏于原始土下的洞穴墓室。在第一期的大揭顶式发掘中，共发现成人墓葬7座，按照出土顺序，分别编为1～7号。值得一提的是，位于墓葬群最西边沿的1号墓，在墓道开口线暴露后，按惯例沿墓道继续下挖，挖至1.8米时，发现东、西壁上开有方形壁龛，内置青石墓志各一合。墓志铭文清楚记载，墓葬主人乃蓝田北宋吕氏家族成员吕大雅与夫人贾氏。这两合墓志的出现，成为确定此墓园性质、所属及年代的第一例确凿证据。接下来的发掘中有两个令人不解的现象很是耐人寻味。有关文献称蓝田北宋吕氏为关中士族之首，嫡系子弟皆有官职，族中曾出一品宰相，且自有庄园，两京中也有私置房产，族人尚有收藏古物喜好。方方面面均表明，其殷实富足当为不虚。然，所建阴宅却皆是形制随意、简朴无华的土洞式墓穴，与当时流行的砖券墓、砖雕墓、壁画墓之规模、材质、装潢差异显著。若仅为节省不欲劳民伤财，却又为何将墓穴造得极深，甚至超过其他宋墓数倍之多呢？这里究竟包含着怎样的设计理念和非常的目的呢？很快，这个耐人寻味的疑惑便有了合情合理的解释。

那是在2号墓的发掘开始不久，当墓道下挖至3.5米时，北壁正中发现了一个墓室入口，这是一间规整的长方形洞室，拱形顶依然保存完好，室内四壁竖直，壁面经过粗略修整，底面也基本平坦。室内除了多年积攒的尘埃外居然空无一物。这个空穴的发现着实令人匪夷所思，它和2号墓有无关系？摆在面前的事实又如何解释方合乎情理？一连串的问题仿佛隔在眼前的重重迷雾般变幻难测。有人说也许是近现代小墓，碰巧叠压在2号墓上。可是这个奇怪的“近现代墓”墓道却与2号墓道鬼使神差般地完全吻合，如果说凑巧，那就“巧”得过于奇妙了，所以凑巧的说辞确实有些牵强。大家聚在一起讨论，仍然不能得到一个满意的解释。我想也许继续做下去答案会自然浮出水面。于是按照考古工作程序，绘图拍照后继续深入，当墓道挖至7米时，同样的场景再次出现了。一个与上部基本相同的空墓室又呈现在

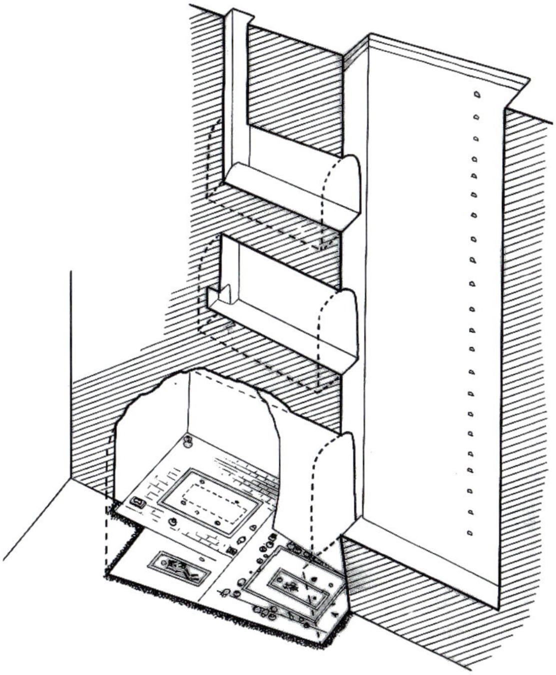

图2 2号墓形制三维图

大家眼前，显然巧合、叠压之说断不能成立。首先可以肯定，这是蓄意安排；其次，这些空穴应当属于整个墓葬结构设计中的一部分；第三，这种做法，或者说特殊形制，必然隐藏着某种深刻的含意。

随着考古工作的深入开展，最后在15.5米深处终于发现了实用墓室，这是一座高大宽敞、“两室一厅”的阴宅（图2），不但造型气派，还随葬了大量墓主人生前使用和喜爱的各种器物。直到此时，那些笼罩在我们头顶的迷雾才被彻底拨开。原来这是吕氏家族为预防盗墓而专门设置的重重机关。北宋时期盗墓猖獗，这个喜好收藏与研究古器物的名门望族，早已洞晓那些流传至今上千年的青铜器、玉器来自何方，为了防止身后的阴宅被盗扰，才想出了以假乱真来保全实际葬处的金蝉脱壳之计。举一反三，前面谈到的深葬和不用砖券之疑惑也都随之迎刃而解，它们都是墓葬设计中刻意安排的防盗设施。将其概括归纳便可得出蓝田五里头北宋吕氏祖茔完整的阴宅安保措施如下：

一、实用墓室上布置空穴以假乱真；

二、利用当地特殊的地质构造，深藏阴宅于石板层下令其无法探寻；

三、不用砖券、土夯，甚至墓室封门也用土坯垒砌，不留任何墓葬痕迹。

这些做法确实有别于其他地区同时期墓葬，而且做得出人意料、别出心裁，充分体现了这个家族在营建阴宅方面理念上的与众不同。

那么，这些用心良苦的设计真的可以防止盗掘吗？

首先，我们必须要给先贤们一些安慰，这样的布局确实小有成效。2号墓最顶端空穴就发现了一个圆形盗洞，盗墓贼钻进洞室发现是空穴，只能扫兴地无功而返，盗洞也没有再往下延伸。当大家正庆幸当年盗掘行为的半途而废时，又怎能想到，有盗洞竟自其东北方紧邻的4号墓墓道垂直而下，向西南方拐入2号墓东后室，又从其前室向西穿过土壁潜入1号墓，一连串破坏和盗掘了三座墓葬呢。这样严酷的事实只能让人发一声感叹，真是道高一尺，魔高一丈！2号墓虽然防范重重，最终究竟难逃厄运。

这个破坏性极强的盗洞，从形状、盗者对墓地情况的熟悉程度以及行盗时墓主骨架未被扰动、随葬品还遗留部分瓷器的情况推测，应发生在较早时期。可能是金人入驻后的战乱阶段，一个对墓群布局十分熟悉的人，很可能就是看墓人监守自盗或与外人联手所为。

2号墓是本次发掘的墓葬群中最深的一座，深度达到15.5米，与现已发掘的全国各地宋代墓葬对比，其深葬程度亦名列前茅。当所有叠压于上部充当疑阵的空穴被一一清理排除之后，在那黄土深处、砾石板层之下，真正的实用墓室便若拨云见日般豁然明了（图3）。这是一座高5米有余、平面呈“品”字形、坐北朝南的三居室，前室高大宽敞，面积较小的两间后室并列置于前室之北。由于墓葬太大，整体贯穿10 × 10米探方南北尤显不足，东、西后室部分则叠压于探方北壁下。此时，2号墓开方发掘已达40多天，最令人担忧的探方壁面裂缝不但出现而且南、北两壁上开裂的缝隙日渐明显，且有继续延伸的

图3 2号墓实用墓室发掘情况

潜在危险。无奈之下，除了加派专职安全员不间断看守外，每当傍晚下班前都会在裂缝下端横向贴一张柔软的白纸条，清早上班前先观察纸条有无被撕裂痕迹，以此判断土壁裂缝是否发展。用这种行之有效的土办法又坚持发掘四五天后，前室与东后室的工作基本完成，唯有西后室形制窄长，部分墓室仍压于探方北壁下。此时上距地表15.5米深，如果采用扩方来揭露剩余的西墓室局部，势必造成大量泥土重新掩埋整个墓室的状况，延误工期事小，若因为发掘时间拖延而造成已开裂的探方壁支撑不住发生大规模坍塌，其后果则不堪设想。虽然大揭顶发掘方式相对安全，探方中亦有框架支撑，但毕竟跨度太大，一旦坍塌，墓穴中工作人员与出土文物安全皆无法保全。面对危急状况，只能果断采取应急措施，一方面随工作进展步骤，以钢结构支撑工作面。另一方面则简化程序：第一步，找到西后室北部西北与东北角，以现场数据于图纸上复原西后室整体形制；第二步，迅速提取所有随葬品并转移至安全区域。当这些工作争分夺秒地完成、所有工作人员与出土文物全部安全撤离之后，我那颗一直悬着的心才得以平稳落下。2号墓的发掘工作能在如此困难危险中顺利结束，第一个要感谢的是带领2号墓发掘组克服种种困难，甚至冒着生命危险努力工作的技工郭强与他的同伴们。当时，由于没有墓志铭出土，墓主名讳、出身并不明确，所以没有人知道这座最深、最大、最神奇、最危险、最富吸引力、最多随葬品的墓葬主人就是北宋名士、金石学家、古器物学家、中国考古之先驱吕大临先生长眠之处。

令人冷汗津津的2号墓，直到最终掩埋时也没有坍塌，万分侥幸的心绪刚刚平缓，一场真的塌方却不期而遇。在3号墓发掘中碰到了始料不及的特殊情况，前文已讲到，因受地下砾石层影响，勘探不能按常规进行，所以才有了2号墓墓室超出所开探方范围的尴尬。与2号墓不同，3号墓墓室出乎人意地狭小，窄窄的单室中仅有一点动物骨骼和几块尚未完全朽掉的漆皮。这又是一个充满了迷离色彩的疑惑，疑惑这座同2号墓有着相近平面尺寸及形制的竖井墓道，却在没有到达预计深度的时候戛然而止；疑惑如此规格的墓道最终却只为那般狭小的墓室而设；更加疑惑这没有被盗扰的墓室中透着诡异的空荡，不见葬具也无随葬物品。当然，这诸多被重重疑惑包裹着的真相最终得到了合理解释，但在当时却因一次突发事件而打断了对它的思考。

那是一个忙碌的上午，发掘工作仍在继续，3号墓所在探方里还有另外一座编号7的小型墓葬正在清理中。7号墓位于3号墓正北1米处，墓道、墓室都很小，发掘之初并不引人注意。当墓室淤土清理完毕后，在这间小小斗室内的木棺周围，居然堆满了各种品质优良、种类丰富的随葬品。看到这样的盛况，所有人都强按着雀跃的欣喜，有条不紊地开展工作。当墓室底面和随葬文物全部按原位置清理干净整齐之后，接下来的线图绘制和影像资料拍摄即将开始。正当此时，忽然传来正在巡查的安全员的大声疾呼，抬头间便看到探方东南角的泥土正沙沙滑落，不好！要塌方！赶快撤离！不由分说，人们迅速散开逃离现场，只见东南角的大块泥土夹着滚滚黄尘随之轰然倒下，跑到最后的人竟被塌土埋住了脚踝。当尘埃落定、看到所有人员安然无恙之后，拍打着身上的泥土、长长透出一口气的队长才发现，刚刚清理完毕的墓室连同所有随葬文物又被塌下的黄土埋得严严实实。

所以说，考古不单是个颇具神秘色彩的职业，还是个高危职业，考古人用自己的辛勤劳动和汗水，甚至冒着生命危险为人类文明和文化传承默默奉献，他们是值得尊重的人，他们从事的工作是崇高的职业。

在虽然忙碌、虽然艰苦却充满希望与收获中，日子过得飞快，一晃间，考古队员在五里头村北沿的那户农家小院里已经整整居住了4年。2011年元月，他们终于完成了所有田野考古发掘任务，成功地向世人揭示了一座近千年前完整的古代家族墓园。由于本次考古工作的规范、科学和细致，荣获2009—2010年国家文物局田野考古奖；而墓园空前的完整性和墓葬资料信息的丰富以及随葬器物的精美，使该项目荣获2010年全国十大考古新发现奖。

精心筹划的墓园

蓝田北宋吕氏家族墓园到底是什么样子？它的主要组成部分又有哪些呢？

其实，构成这座家族墓园的主要因素有如下四个重要部分，它们分别是：墓园兆沟、墓园家庙、墓园神道、家族墓葬群。

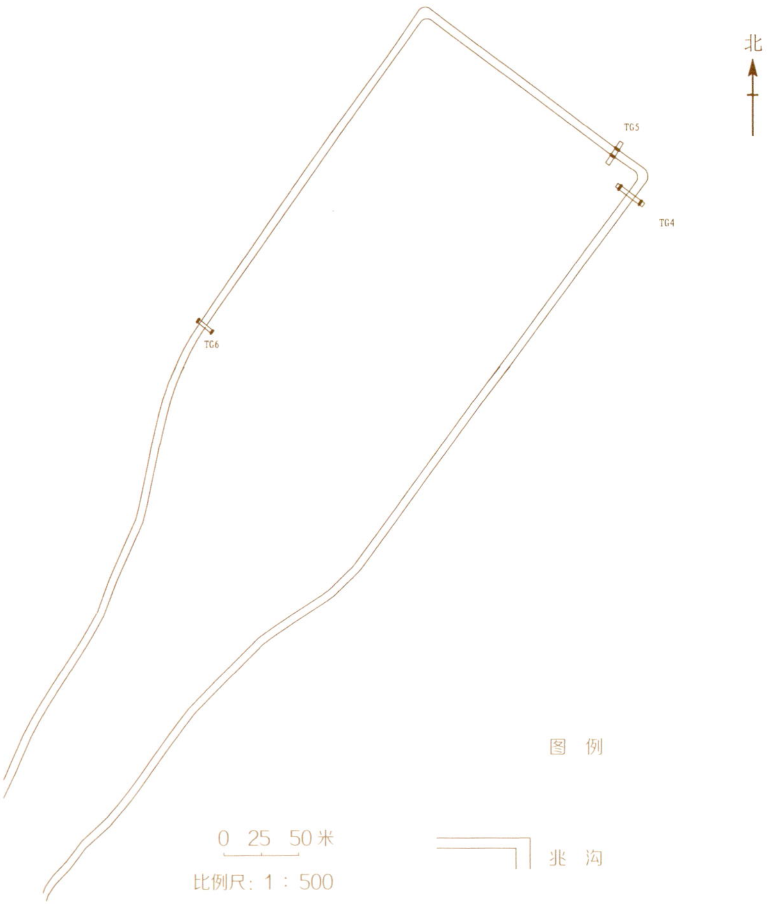

图4 墓园兆沟平面形制图

什么是墓园兆沟？通俗说，就是环绕在墓园周围的壕沟，有了它的存在才能确定墓园的边界、形状、面积。所以兆沟既为墓园界沟，同时也承担隔离、护卫、排水等功能。现存兆沟北端平直规整，南部东、西两沟斜向内收成瓶嘴状入口，圈成北阔南窄形似倒置酒瓶状的空间，包含面积约150亩（图4）。现存兆沟最深处是1.7米，原宽度为5～8米。起初兆沟内注满清水，这些水来自墓园西侧的一条河流中。这样一来，吕氏墓园整体便形成远有群山抱揽，近有水流环绕，所谓

“山环水复”的上佳地望条件。

什么是家庙？家庙的功能如何呢？

家庙是吕氏一族建在墓园中的、用来祭祀祖先与亡灵的庙宇，列祖列宗的牌位按先后顺序就摆放在家庙正殿内。祭祀，向来倍受中国人重视，所以家庙位置设在最显眼的墓园入口内。此外，按当时当地乡俗，妇女、儿童死后只能作为祔葬者进入祖茔，所以他们的棺椁常常被暂时存放在一个地方，等待正主就位后再依礼安排祔葬人的葬处，家庙正是暂存这些灵柩的最佳场所。除去以上的主要功能外，家庙前院、配属殿堂等场所还可对外做些公益活动，比如开课授业，教化乡里子弟；比如召开文化讨论会，像今天的文化沙龙一样。

吕氏家庙最早的建筑与墓地同期完成，现发掘的家庙主体建筑为北宋晚期，乃五开间式高台殿堂。曾经有着阔顶高墙、彩绘雕栏。但近千年的风雨沧桑已经吞噬了这一切，只有废墟中的青砖陶瓦、龙纹滴水、兽面瓦当、三彩龙头脊兽（图5）依然尽显着昔日建筑的庄严肃穆、高大气派。

神道是墓园中最重要的路径。起始于家庙主殿北门，向北一直延伸最终到达墓葬群最南端的主墓葬为止。它是连接家庙与墓葬群的唯一通道，全长近500米、宽6米左右，道旁等距离对称排列虎、羊、翁仲等石像。每当祭典仪式在家庙中完成，灵柩便由正殿北门抬出沿神道进入墓地成葬。

无论是兆沟，还是家庙、神道，都是为墓葬服务的，所以家族墓葬才是它们存在的前提。因此，墓葬群就是整个墓园精髓所在。墓葬群位于墓园北部居中处，共计29座，其中20座为成人墓葬，9座属未成年人墓葬（图6）。

图5 三彩龙头脊兽

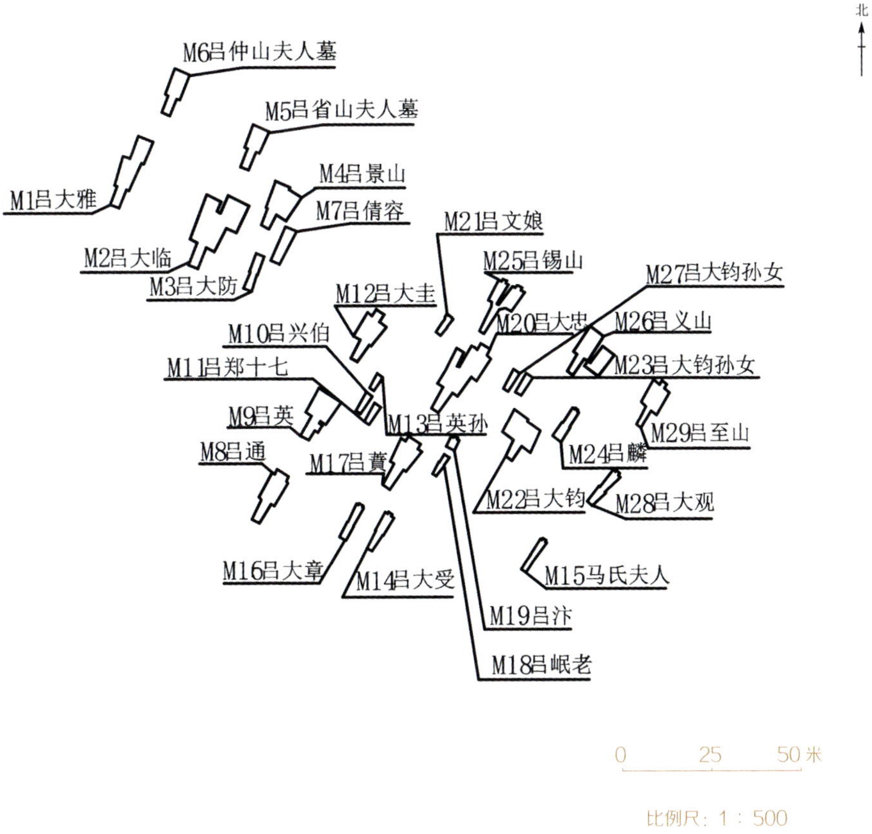

图6　蓝田吕氏家族墓葬分布图

29座墓葬皆为坐北朝南向，从形制上讲，绝大多数使用竖井式墓道和土洞墓室，深度在7.5～15.5米之间。形制，是个考古术语，指墓葬的形状样貌。竖井墓道是指从地面像打井一样垂直向下挖成的墓道（这个说法主要是为了区别于斜坡墓道），墓道四壁竖直并经修整铲平，为上下方便，东、西两壁上还开有纵向排列之三角形或半圆形脚踏窝；墓室入口开于墓道北壁下端，并以土坯垒建封门；墓室设有微拱或平顶，四壁与底面经整修而显平坦。部分墓葬棺椁下垫有青砖。仅有一座少儿墓葬形制特殊，为竖穴墓葬，即竖井墓道底部整平并直接放置棺木。因蓝田吕氏家族在丧葬理念上与众不同，他们研究理学、追求复古、以节俭治家，所以在墓室形制的规划上表现出多种多样随意性强的特点。按照考古的理论方法，大致将其归纳概括后可划分为五种类型：一型是单室墓，所占比例最大，通俗说就是只有一间卧室的经济适用房，主要安排那些没有家室或配偶健在的单身贵族；二型为前后双室墓，前室面积大于后室，和现代住宅对比就是一室一厅；三型属并列双室墓，这类墓葬设有并列的两个墓室，双墓室前往往设置前窄后宽小面积过厅，相当于今天老住宅楼中的两居室；四型为一前室双后室墓，具有较大前厅和两间并列较小面积之后室，类同于现代的两室一厅布局；五型是主室带侧室墓，有一个较大面积的主

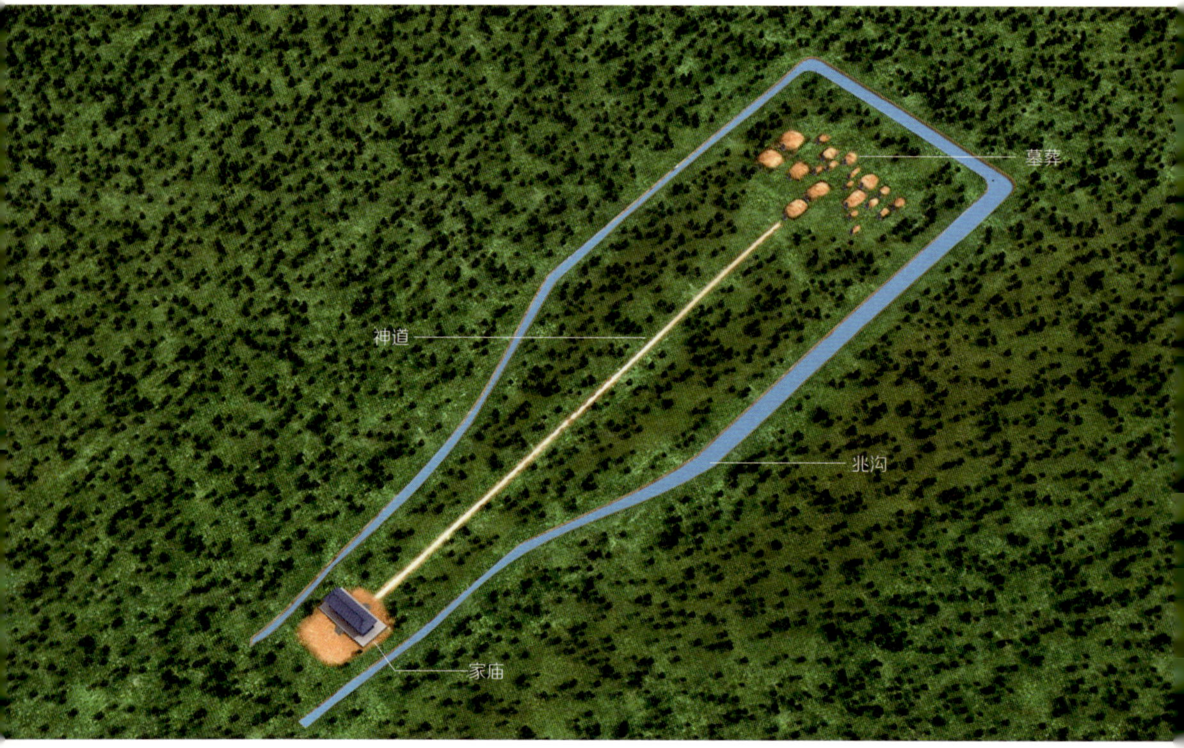

图 7　吕氏家族墓园平面复原图

室，隔壁又设置一间面积较小的侧室，与现在的一间半居室意思相同。所有阴宅中，大房间为男性墓主占用，后室乃夫人居所，两室若并列则表明家庭生活中两位室主身份地位相当，可平起平坐。

通过以上描述，蓝田北宋吕氏精心设计营造的、形如倒置酒瓶状的祖茔结构布局已跃然纸上，为了令读者有更为方便直观的视觉感知，现附上蓝田北宋吕氏家族墓园平面复原图供阅览（图7）。

第二章

两座祖茔

这座保存完整、设置齐全，位居蓝田县城之西、五里头村之北的吕氏家族墓园，实际上是蓝田吕氏入陕定居后的第二块祖茔，而吕氏在陕西境内的第一块祖茔地因为没有任何相关文献记载与民间传说，在考古发掘之前，连如今的吕氏后人也并不知晓这第一座祖茔的存在和位置。但我们在对出土墓志的研读中惊异地发现，数方志文内皆有关于蓝田吕氏“骊山西塬”墓地的记载。

幽僻的骊山祖茔

关于骊山西塬墓地位置，以吕蕡妻方氏墓志所言较详："得嘉祐六年岁次辛丑九月癸酉，举葬于县之西北卅里骊山之塬。"于是距县城西北三十里的骊山西麓，便是目前掌握的骊山西塬墓地相对具体的地域记载。骊山，的确处在县城西北约15千米处，与墓志所述一致。山向自北往南延绵至灞水北岸已为末端，并由峻峭山体衍变成山间台塬地貌。被灞水自东向西截断后，水南大片平坦区域称白鹿原，水北谓骊山南麓。沿灞水北岸古道自东向西绕其脚下便至骊山西塬。此处虽曰台塬，但地势仍重叠起伏、道路亦陡斜难行（图8）。

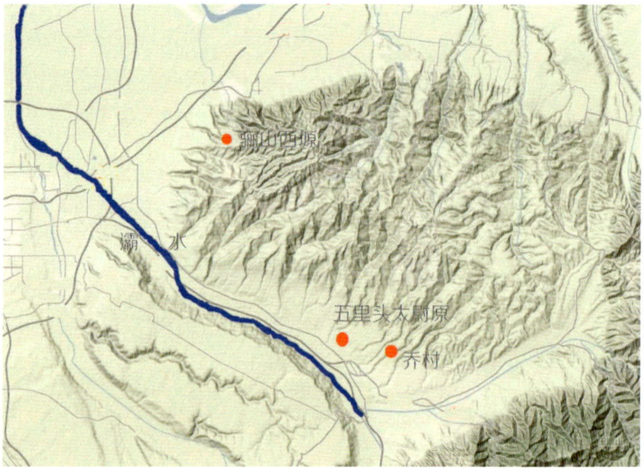

图8　骊山西塬与太尉原墓园地貌图

为寻找骊山西塬墓地位置，考古队自2019年起，曾四次专程前往骊山西塬所在地及韩峪河流域调查。骊山西塬实乃山间小台塬，位于韩峪河近源头处。此地有自然村落名曰龚吕村，现行政区域划分是：西安市临潼区龚吕村。原驻村民主要为龚、吕两姓，其吕姓家族墓地就位于村东坡地上。墓地坐东向西，背依骊山西部山塬，后有新开山、前有韩峪河，两侧山峦簇拥起伏，北望可远眺韩峪河冲积平原，风光秀丽、山塬陡峭、路途难行（图9）。新中国成立前，为逃避山匪，世代定居龚吕村的吕氏人家举族迁居韩峪河上游平原地区，并繁衍为四个自然村落。高沟村三组即为其一，协助考古队调查之吕烽、吕建章皆龚吕村吕氏后人。因无家谱记载，现确知家族祖茔所在者已为数不多。

图9 骊山西塬外景

临潼龚吕村吕氏后人对蓝田吕氏一无所知，然辈分排列中却有与蓝田吕氏相同字号。故推测，临潼吕氏与蓝田吕氏应属同宗同族。北宋熙宁七年（1074），大忠、大临兄弟仅迁葬吕通等至亲，余者仍生活和埋葬于此。新中国成立后，因耕种需求，已将墓上碑刻、封土等尽数毁坏铲平，夷为白地。现代子孙仅知其大概方位，族中老人偶有前往祭祀，但为数甚少。该墓地东距五里头吕氏墓园25千米，沿古道顺灞河而上绕过骊山南脚便可抵达（见图8）。

蓝田吕氏的骊山西塬墓地使用时间较短，仅限吕蕡一代，终止理由取决于吕蕡临终遗言：“吾葬兵部府君之墓，骊山西塬道险非计，当迁于平易地，使世世不以葬劳人。且慎毋訹术家五姓语及浮图氏之斋荐者……”所以大忠、大防、大钧、大临等谨遵遗命，于熙宁七年另择新茔于灞水北岸太尉原南坡，并将祖父母等遗骸迁葬在这片阳光充足、土层深厚、背山面水、交通便利、地域相对平坦的地方。而骊山西塬墓地的短暂寿命，决定了它在匆匆而过的时间长河中逐渐隐匿消失的命运。

重现的太尉祖茔

公元1074年修建的吕氏墓园，是目前经考古发掘所得最完整的古代家族墓园。它坐落在五里头村北，这片坐北朝南的灞水北岸台地，在墓志中被记为“太尉原”。所以大忠兄弟营造的形制呈“倒置酒

图 10　太尉原吕氏墓园大环境

瓶”状的完整墓园当称谓：吕氏“太尉原”墓园。太尉原是个古老的名称，据《汉书·卷四十》载：汉太尉周亚夫率兵东诛吴楚，至霸上，得赵涉之计，从此右去，辟其伏兵，走蓝田、出武关、抵雒阳，一举取胜。或因此故，后人将周亚夫入山前驻兵处称作“太尉原”，以纪念这次与汉政权之稳固息息相关的战争。所以“太尉原”的名称应源于西汉，直至北宋中晚期仍被沿用。吕氏太尉原祖茔所在位置颇有讲究，北依临潼山脉、南向灞水与白鹿原隔河相应、东靠终南山、西扶骊山，东、西两侧各有河流自高向低汇入灞水，形成山环水绕中有平原缓坡的自然地形。祖茔现行政归属于陕西省西安市蓝田县五里头村四组，东北距吕氏家族世代居住地乔村仅3千米之遥（图10）

蓝田吕氏在陕境内拥有的“骊山西塬”祖茔和“太尉原”祖茔由于缔造者丧葬理念上的不同认识，而有所不同。“骊山西塬”这方鲜为人知的墓地，规划建造完全出自“大”字辈众兄弟的父亲——吕蕡，一个饱读诗书、胸有志向，中年方入陕为官且对道家与佛家理论皆有造诣的河南汲郡人。因此“骊山西塬”祖茔在选址与方位上表现出了一些北宋盛行的道家思想。而“太尉原”祖茔则是信奉儒学的“大”字辈们共同谋划实施的，是对上古礼制认知与体会的结晶。

两座祖茔谁为上

“骊山西塬”祖茔乃骊山西麓小面积山塬，坐东向西，大环境仍属山地，背依高大挺拔的新开山，两侧各有起伏小山抱拥，面向峪口，远眺韩峪河冲积平原。据东晋郭璞所著《葬书》云："地势原脉，山势以原骨。委蛇东西，或为南北，宛委自复，回环重复，若踞而俟也，若揽而有也。"骊山南北走向势如委蛇，西塬两侧宛委回环、若踞若揽，地望上颇具封侯而揽富之优势，故吕蕡在寄给长兄吕英的家书中特意禀明："我上世皆葬於新乡，今子孙宦学在秦，又得吉地於骊山之麓，将以九月癸酉举公及夫人之丧葬扵京兆府蓝田县玉山乡李村之塬。"这段文字既列出了为何迁葬父母灵柩入陕的两个重要理由；同时也表明了迁葬具体时间。从此，世居河南汲郡的吕通一脉子孙便以长安人自称。

太尉原祖茔的宏观大背景实与骊山西塬墓地一脉相承，背依临潼山，东、西两侧乃终南山与骊山，面向霸水，坐落于台塬之上，北高南低、地域开阔、土层深厚。与骊山西塬相比，两座墓园均依山面水、视野豁达，左右被山脉环抱，此乃相同之处。区别为：第一，太尉原墓园有三条著名山脉环抱外围，绝非区区骊山中之山峦可比。面向浩浩霸水亦不是其支流韩峪河能及，势与形均显大气凛然；第二，太尉原祖茔居平坦河流台地之上，地域开阔，可用空间大，营造亦更为规范。相比之下，骊山西塬茔地不够开阔，相对封闭，发展开拓空间不足；第三，太尉原祖茔温暖向阳、土层深厚、土质细密、适合营造较深墓穴，而骊山西塬祖茔处于骊山西麓小台地，较为阴寒，况山中土薄石厚，造墓艰辛难以幽深；第四，太尉原祖茔东、西两侧各有小河自上而下绕流，形成所谓二龙戏珠之势；第五，距离吕府（现为乔村）较近，道路易行，无论丧葬或祭祀均比骊山西塬祖茔便利得多，耗费人力物力亦颇有减少；第六，太尉原祖茔坐北向南，采用了儒家传统兆域优选原则，而骊山西塬祖茔坐东向西，在择地标准上实施了宋代盛行的五音姓利之法，两者虽属不同葬地选址理念，但儒家勘域标准似乎更符合儒学世家吕氏一族的立世三观。

图 11 M2 出土的石敦

未成年人墓四座，编号M24、M23、M27、M21、M22。吕大钧墓左侧稍后处为M24所在，墓中出土吕麟墓志。吕麟为吕义山子，吕大钧孙，年十二早夭；右侧稍后处有M23、M27，虽无墓志出土，但所在位置表明，应是吕义山早夭女儿、吕大钧嫡孙女。M21在M20吕大忠墓右侧稍后处，地位基本与M23、M27平行，出土有吕锡山前妻侯夫人之女吕文娘墓志一方，故其主人为吕锡山女、吕大忠孙女。

第四排：处第三排北，共分布墓葬6座，编号为：M29、M26、M25、M4、M5、M6，均属成人墓葬。M25为合葬墓，双墓室并列，东室葬吕大忠嫡长子吕锡山前妻侯氏；西室葬其继妻齐氏，二人墓志铭均由吕锡山亲自撰写。东、西两室前有较小空间，显然为吕锡山预留，只是其人犹在，墓室未经营造而已，故M25乃吕锡山阴宅。M26出土铭文石磬清晰记载该墓主人为吕义山。吕义山，字子居，乳名徽，为吕大钧前妻马氏所生，马氏墓志有记载。M29被现代人盗掘，出土大量珍贵文物，由此引发对蓝田北宋吕氏家族墓园的抢救性考古发掘。墓中随葬歙砚底面刻铭言其主人为承议郎吕子功。就其所葬位置、辈分排列规律（后文有详述）推断，M29属吕大观嫡长子墓。大观墓志云其早亡，唯有一子曰至山，所以确定M29应是吕至山墓。M4乃夫妻合葬墓，随葬品中有歙砚一方，外底铭记“吕子，故大丞相汲公之子，死宣義（議）郎……”出土铭文石磬亦表明墓主乃宣义郎。吕大雅妻贾氏墓志、吕景山女倩容墓志中皆有吕大防子景山官居宣义郎之说，所以M4可认定为吕大防嫡长子吕景山葬所。2005年冬，M4与M29等墓一同被盗，出土文物收归陕西历史博物馆，其中一批青铜古器上有宋人篆铭，由内容推测应出自吕景山墓，其中乳钉纹簋、鱼虎纹小鼎、朱雀薰炉上均刻“自牧”“牧”字样，应是收藏者名讳标记。吕景山属“山”字辈成员，三位堂弟义山、至山、省山字号分别称子居、子功、子茂，那“自牧”“牧”是否子牧之别称抑或简称？若猜想成立，景山乃其名、子牧则为其字也。M5、M6均属单人女性墓主，未见墓志铭或纪年文物出土，因位于“山”字辈成员墓葬排列线上，再结合墓葬群纵向贯属规律推之，可得M5应为吕大临子省山字子茂、M6为吕大雅子仲山阴宅所在地。然，此时二位男主尚存，但北宋王朝已呈消亡之势，政局动荡、金人入侵将至，家人去意已定，夫人棺椁只能先行下葬入土为安，所以室内仅有女主遗骸，无金石铭记恐与斯有关。

至此，蓝田北宋太尉原吕氏家族墓园中29座墓葬主人名讳均已确知。从墓志纪年判断，该墓园使用期限为宋神宗熙宁七年（1074）至宋徽宗政和七年（1117），共葬北宋中、晚期吕氏族人五代，历四十三载而终，截止原因与北宋灭亡、金人入侵、贵族南迁有直接关系。

接下来第二步要做的是根据各个墓葬主人名讳与所在位置排列出入葬者亲缘关系谱系表，来概括归纳墓葬群横向排列的基本原则。

显而易见，横向排列中包含着“辈”与“位”两种含义。吕通墓处于第一排最前列，其墓志云：“公三十六年卒，子男二人，英终著作佐郎，蕡今为殿中丞……孙九人，大忠泽州晋城县令，大防著作佐郎，大钧秦州右司理参军，大圭、大章未仕，大受同进士出身，大临、大观、大年（大雅）未仕……”墓志全文由吕大防亲笔撰写，具有可信任权威性。所以吕通乃墓园中辈分最高的第一代人，左侧稍后两座小墓分属其祔葬亡孙所有。故，第一排墓葬由祖孙两代组成，布局上突出主位、后置次位，以明确主次之别。

第二排8座墓葬中吕英、吕蕡、马夫人墓处主位，三人均为吕通子辈，故第二排墓葬主位与前排墓葬主位间辈分乃父子关系。3座主墓在位置设计上亦有亲疏长幼之别，长子吕英墓居吕通墓端后方，吕蕡墓则处于吕英左侧、吕通之左后方，可见长幼之别。马氏为吕蕡如夫人，地位较低，论礼不能进祖茔，但身负蕡妻托孤重任并尽心竭力抚育大忠兄弟，又为大钧乳母，母以子贵，且侍奉吕家五十余年劳苦功高，才得破格入葬祖茔，却不得与蕡合葬，所以墓穴在较远处。其余5座未成年人墓皆属英、蕡祔葬亡孙，居祖辈左侧稍后之次位，布局规律同前排。

第三排共计12座墓，7座成人墓葬均按照严格定制精心布局，不但排列均匀、整齐，而且各墓主定位颇有讲究。正中为吕英长子吕大圭墓，其左分别是大忠、大钧、大观墓，右侧则置大防、大临、大雅墓。上文引用的吕通墓志铭文已详细记述了吕通诸子及孙儿名讳与排行秩序。由此知，大忠排行最长，大圭虽排行第四、身份却为长房长孙，故居于正中。大忠年最长，排于大圭左侧近旁；大防次之，位在大圭右侧近旁；大钧排行第三，墓葬设于大忠之左；大章、大受排名第五、第六，因早亡无子故葬在祖父身侧而未进入“大”字辈排列线上；大临排行第七，居大防之右；大观名列第八，其墓设于大钧之左；大雅（幼年曾用名大年）排行第九，故位在大临右侧。所以，第三排“大”字辈成员的位置排列是以长房长孙为中心，按年龄顺序遵循“左”为尚基本原则定位，该原则于第二排墓葬排序中已然执行，而在第三排墓葬排列中更显明确突出。

居次位的5座未成年人墓葬皆属主位墓主之孙辈，男儿各自祔葬于祖父左侧稍后处，唯大忠孙女文娘独居其右稍后侧。

第四排所有的6座墓葬均属“山”字辈成员，故为第四代“山”字辈人墓葬排列线无疑。但排列顺序与二、三排有明显区别，依年龄次序按“左”为尚布置葬所的横向排列原则不再遵守，纵向间承继关系成为唯一的明确规律，而“大”字辈人嫡系子嗣均为单传是造成该局面的直接原因。

总结上述墓葬群横向排列规律为：

第一，自南向北，辈分由高至低依次横排设置；

第二，前二、三排中主位以长房嫡长子为核心、尊“左”为尚原则按年龄次序确定葬所，体现和强调了长房为大、长房为家族主脉络的主导思想。次位均属祔葬嫡孙辈，孙男居祖左侧稍后处，孙女置于右侧稍后处；

第三，第四排仅表现出明确的纵向关系，横向间不遵守“左”为尚的长幼次序排列原则。

据《礼记·祭统》载：“夫祭有昭穆。昭穆者，所以别父子，远近，长幼，亲疏之序，而无乱也。是故有事于大庙，则群昭群穆咸在。”《庄子集释·卷五中》载：“宗庙事重，必据昭穆，以嫡相承，故尚亲也。”两条文献均记载了宗庙祭祀中昭穆制度的重要性。什么是昭穆呢？《左传·僖公二十四年》有这样的说法：“昔周公弔二叔之不咸，故封建親戚以蕃屏周。管、蔡、郕、霍、魯、衞、毛、聃、郜、雍、曹、滕、畢、原、酆、郇，文之昭也。”杜预注：“十六國，皆文王子也。”“邘、晉、應、韓，武之穆也。”“四國，皆武王子”。依杜预所注，文王子为昭，武王子为穆。换言之，昭指文王诸子，穆指文王诸孙。但文献中的昭穆制度，指宗庙祭祀时灵位的排列秩序。截至目前，在西周墓葬群考古发掘中尚无资料可印证昭穆制度在墓地内的实施。蓝田北宋吕氏墓群之横向排列原则是祖与祔葬孙同居一排，父、子必须异排安置。此规律中渗透着昭同排，穆同排，昭、穆不同排之昭穆古制的主导思想。《宋史》云“关中言礼学者推吕氏”，所以，墓葬群横向排列次序是蓝田北宋吕氏兄弟对《周礼》《仪礼》《礼记》深入研究推敲的结果，体现了北宋理学家对“三礼”的理解和在此基础上实施与完善所形成的埋葬制度。而这个制度的实现便将排列在厅堂几案上的灵位一一对应在墓地中，这样的安排是否合乎《周礼》原意现不能确知，但它却真实地反映了“大”字辈人对理想葬制形式的追求。

第三步要讲的是墓葬群的纵向排列规律。从整座墓园平面图上可清晰看到，由墓园南端入口起向北直线延伸，贯穿家庙、神道与墓葬群的墓园中轴线上，自南向北共有三座墓葬，它们分别是：M8、M9、M12。M8为吕通墓，M9为吕通嫡长子吕英墓，M12属吕英嫡长子、吕通嫡长孙吕大圭墓。三座墓葬明确的亲缘关系表现了中轴线上墓葬纵向设置之规律。以此标准衡量其他墓葬可见：第二排紧靠中轴线左侧的吕通次子吕蕡墓（M17）身后为嫡长子吕大忠墓（M20），吕大忠身后为嫡长子、吕蕡嫡长孙吕锡山墓（M25）；第三排吕大钧墓（M22）身后为嫡长子吕义山墓（M26）；吕大观墓（M28）身后为嫡长子吕至山墓（M29）；吕大防墓（M3）身后为嫡长子吕景山墓（M4）；吕大临墓（M2）身后为嫡长子吕省山墓（M5）；吕大雅墓

（M1）身后为嫡长子吕仲山墓（M6）。由此可知，家族墓葬的纵向分布原则乃嫡系长子长孙序列。

将上述墓葬群排列规律以通俗语言概括即为：墓群南端是整个家族中最年长者——吕通夫妇，他们的子、孙、重孙按不同辈分横排紧随其后，而每一排又有一位领军人物，这人必须是顶门长子、长孙、长重孙身份，其他人员则按年长者紧靠领军人物的原则分左右依次向两边排列；所有未成年或已成年却无子嗣者，皆按男左女右袝葬于祖辈墓冢之侧。此规则极为清晰明确地反映了葬者间的辈分、血缘、亲疏、嫡长关系，我认为这就是整个墓地的葬制。而这一规则的产生，代表着蓝田北宋吕氏第三代“大”字辈成员对上古礼仪葬制仔细研究、认真感悟、精心设计、果断实施的最终成果。

曾经辉煌的家庙

吕氏家族墓园中最为重要的组成因素是墓葬群。除此外，唯一的地面建筑就是家庙，家庙是家族成员祭祀祖宗、祭奠亡灵的神圣场所。关于这座建筑，至今仍然留在当地人的记忆中，不少流行于民间的传说将其包裹上一层层令人向往、引人探求的迷离却又隐约可见的神秘外衣。所以，当墓葬群的考古全部结束后，工作的另一个侧重点就是吕氏家庙的发掘。

可是吕氏家庙的考古发掘面临着很大困难，因为其殿堂在新中国成立后，被蓝田县三里镇五里头小学所占用，全部遗址皆包含于五里头小学校园内。每天教室中的琅琅读书声和操场上嬉戏耍闹的小学生令人望而却步。考古现场的发掘深度难测，虽有护栏为凭，但天真烂漫的孩童好奇心强，人身安全恐难确保。在与校方多次交涉后，决定趁暑假期间尽快开展工作。于是，2010年那个仲夏日，我们冒着流火般酷热的三伏天，在学校后院长满蒿草的废墟上，考古发掘破土动工了。

当时的发掘现场，除了地面极薄的一层表土外，下面全是高低不平、层层叠压、堆放无章的砖头瓦块等建筑垃圾，想用探铲勘探一下发掘面积和遗址深度，实在比登天还难，一铲都打不下去，使得洛阳铲这个考古中颇有作为的基础工具完全丧失了用武之地，只能采用开探沟的方法寻找地层的叠压关系和文化层保存深度了。即便如此，由于遗址叠压层众多，且上层多利用下层基础重建房屋，造成相互间打破关系纵横交错，要正确判断分离不同时代家庙遗址谈何容易！整整三个月过去了，750平方米的发掘面积自地表向下仅挖了30厘米。学校已经开学，校方的督促和逐渐转凉的气候令人十分焦虑，但考古的原则是科学、真实地揭开历史遗存，还其原貌而容不得半点不真实的因素存在。所以我和我的队友们只能更加努力、仔细认真地对发掘状况进行分析、研究、判断，逐层在探索中徐徐推进，最后终于圆满完成了这个被专家们称为“极为复杂的遗址”的发掘任务。但是，这次考古发掘因为受到发掘区域与时间的限制，各时代家庙遗址只能对主殿进行清理而不能完整、全面地揭示其建筑群原貌，从而留下了遗憾之处，但因此也留给后人更多的考古空间与仍然珍藏地下的文化遗产。

当第二年初春的脚步向阳而生时，吕氏家庙的田野考古工作也全部完成，这意味着对蓝田北宋吕氏家族太尉原家族墓园的田野考古工作彻底结束。春寒料峭中，我们默默地站在村口，前方是那片曾经克服困难、努力工作了整整四年的原野；后面是居住了一千四百多个日日夜夜、留下许多难忘记忆的农家小院；脚下是走过无数次、泥泞却依然透着熟悉的黄土气息的小路，眼眸移动间视线逐渐变得模糊起来。告别了！宁静的村庄、质朴的百姓，告别了！先贤安息的土地，告别了！永远留在这里的那些峥嵘岁月。

此后，在长达七年的室内整理与研究中，我对吕氏家族墓园及吕氏家庙遗址有了更加清晰深刻的认知和体会。

吕氏家庙遗址自上至下共有九层叠压，主要建筑遗存11座，跨北宋、明、清、民国、现代五个不同时期，历时近一千年。被层层叠压于最下方的主殿遗址因遭受火灾而毁灭，只留下残垣断壁和一片坚硬的红烧土层，讲述着那个灾难忽然降临时的故事。这座曾经的建筑，被编号为F11，它坐落于黄土铺垫的低矮夯土台阶上，修建时间应与墓园相同，乃北宋熙宁七年（1074）。该房屋厚厚的土墙基与泥土地面显示着它与生俱来的简约拙朴，同后期家庙主殿比较，形制、规格、等级、装潢均相对逊色。熙宁七年对蓝田北宋吕氏家族而言，是一个重要纪年，这年在吕大忠、大防、大钧、大临四兄弟主持下建成了全新的、完整的、体现着他们对《周礼》研究感悟的太尉原祖茔，并将祖父、父亲以及其他亲人遗骸从距离较远、道路艰辛、群山环绕的骊山西塬祖茔迁移至此。从此蓝田北宋吕氏家族的历史翻开了兴衰荣辱、风云变幻的新篇章。

《宋史·吕大防传》记载：元祐三年（1088）丞相吕公著告老，吕大防正式出任宰相直至元祐八年（1093）。他在任期间，权倾朝野，身份地位极高。此时恰逢熙宁七年所建吕氏家庙遭火焚毁，故在原位上重新修建了一座、耸立于青砖包砌夯土高台之上的五开间殿堂式家庙主建筑，今天考古编号为F10，这是遗址区内自上而下的第八层文化遗存。其建筑构件与装饰物中使用了龙形图案，这些特殊待遇，应是身份显赫、倍受皇宠、官居一品大员之地位的体现。具体说，F10是一座落成于高台之上，前、后出廊台，设南、北两门，气魄与规格为历代吕氏家庙最高等级的大殿，表现了该家族步入鼎盛时期的辉煌程度（图12）。

可惜，好景不长。随着北宋末年政府南迁、金人入侵，曾几何时繁华昌盛的北宋社会永远退出了历史舞台。在那风雨飘摇、政权更替

图 12 F10 复原图

的动荡时期，蓝田吕氏嫡系族人决定避祸南迁。大部分可能追随统治者迁徙江南，其中一脉则辗转到达南中国海一带繁衍发展，并逐渐成为该地区之名门望族。关于吕氏这批后人的故事，将在下文中另有详述。但是，从此后，离去的嫡系由于关中沦陷而亡魂再难回归故乡祖茔。而留在乔村的吕氏后人因非嫡系，死后只能埋在乔村旁的庶系墓地中。所以宋徽宗政和七年（1117）后，吕氏太尉原祖茔因再无葬事而沉寂近千年之久。

在这漫长的时期内，留于乔村继续居住的蓝田吕氏庶族依旧坚持对祖宗的祭祀活动。斗转星移间，原本高大气派的五开间家庙主殿，因战乱失修只剩居中三间，后来又遭洪水冲击导致边间坍塌。想来，当时环境定然艰难困苦，族人已无力重建庙堂，只好利用幸存的房屋加以改造。故而，这时的吕氏家庙虽然仍坐落在前期垒砌的高台之上，但面积由五开间缩小为三开间，继而成为单间建筑。嗟乎！吕氏家庙的兴衰过程，恰似一面见证历史的明镜，真实地反映了这个大家族的兴盛与落败。

后来，随着明代一统江山，这片如此多娇的青山绿水，又更换了主人。而吕氏家庙的性质也在这时发生了重大改变。据清代嘉庆元年（1796）《蓝田县志·卷十·艺文》记载，北宋吕氏家庙时称“吕氏庄芸阁寺”已在战乱中毁为废墟，明代中期有商贾来此地收集沦入泥土中之碑刻等石制品，乡人皆知为吕氏故物，而秘不告知，令其无获而返。后来太学生当地人王臣问明此事并请告当时的陕西巡抚阮勤。阮勤乃明景泰五年（1454）进士，历台州知府，有惠政。明成化十六年（1480），由山东左布政使迁任右副督御史，巡抚陕西。成化十九年（1483）得知相关吕氏故地之事，即亲临凭吊并令知县刘振于原旧址上复建祠堂，前置门道，周边造墙，以安先生之神，同时命有关司属春秋前往祭祀。该祠堂于民间俗称吕氏庵。所以，自此时起，吕氏家庙便自成体系，脱离了包含于家族墓园兆沟之内、同墓葬区及其他相关设施相辅相连统一并存的初衷。这一改变可能有三种原因：一、墓葬区早已停用，家庙的停丧功能不复存在；二、兆沟年久失修已不能起到围护作用，家庙需要用围墙阻隔尘世纷扰，谋得一方肃静安宁；三、吕氏四贤已成为政府宣儒重教的精神榜样受到重视与彰显，而乡里百姓对其功德愈加崇拜，他们不再仅属吕氏家族所有，于官于民，皆需从家族层面上独立提升。

所以，吕氏家庙的自成一体是在延续家族祭祀、聚会等单一家庙功能的基础上承担了更为重要的宣教使命，升华为敬儒倡教的官方学府，而这种性质上的提升拓展从此持续于后世。经田野发掘和调查证实，从此后，北宋吕氏家族墓园的整体结构消亡，兆沟被废弃，家庙成为独立建筑，部分神道可能为较晚时期所沿用。

明代晚期修建于吕氏家庙故址上的是一座主殿为三开间式，设有南、北檐台，大门开于南壁正中的建筑，其考古编号为F8。它被赋予了开阔庭院和两侧偏院，并有鹅卵石精心铺就的路径，而斑斓彩釉的建筑构件和厚厚的夯土围墙则成就了它庄严中不失讲究、端丽中蕴藏威严的脱俗气概（图13）。清光绪年间《蓝田县志·卷八·祠祀志》记载，明弘治中，提学副使王云凤于吕氏家庙故址内始建芸阁书院，日久而荒废。明万历十三年（1585）知县王邦才故地而鼎新之，

图 13　F8 复原图

大规模整修并扩大书院范围，重修后的芸阁书院应是以F8为北部主体、以书院学堂为南部主体的较大规模建筑群，而南部学堂主体位置应在现五里头小学教学楼下。由此见，芸阁书院的建立，使明代晚期的吕氏家庙有了教学功能。在家庙中开课授业，教化乡里，本就是北宋吕氏四贤的心愿和他们尽心竭力去做的事，后世能在家庙故址中秉承其志向，亦是告慰先贤亡灵的最佳方式了。

清朝建立之后，吕氏家庙的教育兴学功能断断续续并未终止，特别是清末民初的吕氏家庙，在当地大儒牛兆廉先生奔走筹建下，北部于原故址上落成独属吕氏家庙的四合院式建筑，名曰四献祠，以供吕氏族人与学子、社会名流等祭祀、参拜；南部则扩建延伸，新建芸阁学舍，以先贤四吕为榜样，传经授课、教育子弟。早年，吕氏大钧、大临曾就读于关中理学创始人张载门下，而牛兆廉先生又是关学衣钵的最后传人，与吕氏可谓同门，且牛先生人品出众、才华横溢、治学严谨而深得乡里爱戴敬仰。鼎盛时期，芸阁学舍中汇集四邻八乡众多学子，对民国时期乡村教育做出了突出贡献。

新中国成立后，蓝田县三里镇五里头小学利用了清末民初的芸阁学舍旧址，继续实施乡村教育，也算是承袭了先贤之志。

20世纪80年代，作为危房的清代建筑不得已而被拆除。所幸的是，在废墟中、荒野上还残留着我们渴望寻觅的先贤遗迹。

第四章

精致生活

自古以来，国人以为：人死后是去了另一个神秘世界，在那里他们依旧要继续生活。所以，为死者准备必要的生活器具葬入墓穴，是生者给予故人最后的心意。因此，无论家境贫富，其墓葬中或多或少、或贵重或俭约皆有物件相随。对这些相伴的器物，考古术语称：随葬品。而吕氏家族墓的随葬品却显得格外与众不同。所有墓葬共计出土随葬器物一千余件组，其用途涉及餐具、酒具、茶具、香具、文房用具、闺阁用具、佛事用具、礼器、日常杂器等九个不同的生活领域，质地包括：瓷、陶、石、金、银、铜、铁、锡、贝、漆木等数种材料。特别是瓷器，不但数量大，而且器形种类繁多，整体保存良好，品相与工艺堪称上流。每一件物品都再现了北宋社会的繁荣昌盛，而隐在它们身后的则是北宋士族们精致讲究的日常生活。

图 14　出土的青白釉瓷器

经过认真细致的清理研究，可将吕氏家族墓随葬品的特点概括为以下几条：

一、种类丰富，涉及面广；

二、大多数为墓主生前实用器具，这与同时期其他宋墓以随葬明器为主的状况区别明显；

三、瓷器不但数量多，而且质地非常好，工艺也很精细，许多器物无论造型还是意境都可代表当时的先进水平（图14）。

上面第二条提到了“明器”，那么，什么是明器？明器就是人类现实生活中实用物件的仿制品，它们有生活用具，也有仿制人形的俑类。

在古人对世界的认知中，“事死如生”是他们对死亡的执着理念。所以生前的生活状况理所当然应在死后的另一个天地中持续，而且要过得更好、要弥补在人间留下的所有缺憾。于是，从石器时代开始，以物甚至以人随葬即成习俗。商周时期陪葬之风极盛，特别是贵族阶层的墓葬，不但有大量青铜器、玉石器、漆木器、金器等珍贵物品陪葬，以盛放各类饮食和生活用品，还有气度不凡的礼乐器和装饰华丽的出行车马供墓主享受精神生活与彰显高贵身份。而那些埋葬在墓主周围的殉人，则是死者生前的众多姬妾侍从、亲近奴仆武士。如此气势恢宏的随葬阵容，的确将人间的奢侈生活真实再现于幽暗的黄土深处。比如陕西宝鸡石鼓山西周早期贵族墓葬的考古发掘中就出土大量青铜器，其中一件青铜卣中发现了至今尚存的西周美酒；而另一件青铜鼎中则清理出动物肩胛骨骼，说明原鼎中曾炖有一鼎肉以供墓主于阴间食用。这些器皿与酒肉皆是墓主生前所有和日常饮食。而残酷的以人殉葬最早产生于距今四千余年的原始社会末期，兴盛于殷商之时，是当时丧葬制度认可的行为。已发掘的殷王陵和殷王室墓就存在大量殉人。

到了春秋战国时期，虽然高等级墓葬中仍有人殉，如近年发掘的湖北荆州熊家冢楚墓群，主冢周围即有众多殉人墓葬。但这种残酷而奢侈的陪葬方式于战国晚期受到了批评与指责，另一种相对人道的做法随之悄然兴起。物品的随葬依旧盛行，而人殉制度则逐渐为泥制、木制俑类所替换。这是人类进步和社会文明的表现，是奴隶制衰落、封建制崛起的变革时代兴起的新风俗。而这些替代活人的俑类开启了明器随葬的序幕。

图 15　三彩马

秦汉之时，人们对生和死有了更为明确和现实的看法，随葬品中除模仿人类的俑外，专为丧葬制作的陶质仿真器大量出现，基本替代了实用器而成为随葬品的主流。由于仿真器仅追求外形表面与实物的相像，而体量、质地、工艺等方面与实物相去甚远，所强调的是“意到”而非“实用”。因此，这些专用于随葬的仿真人物与器物便有了一个专用名词——明器。即便是威震天下的秦始皇帝，也同样采用了陶俑方阵代替军队、青铜水禽代替活体水禽、石铠甲代替真正用于战争的皮甲和藤甲。此后，随葬物品中明器基本取代了实用器。

唐宋时期，墓葬中曾流行三彩器、彩绘器随葬，例如我多年前于西安西郊远东公司基建工地上发掘的一座唐代砖室墓，墓葬不大却出土大批三彩明器碎片，其中之三彩嘶鸣马，保存基本完整，造型栩栩如生、鞍配装饰华丽（图15），实乃三彩马之上等佳作；又如陕西蒲城唐让皇帝惠陵中发掘的五十件半人高的粉彩陶俑（图16），都是这一时期随葬明器的代表作。尽管它们外表也很光鲜华丽，但终究是为丧葬定制的明器，并未使用于现实生活中。

自明器问世至今，历朝历代久盛不衰，一直被认定为既可告慰安抚逝者，又可表达生者心意的最佳方式方法。但是，近千年前的北宋关中名门望族吕氏墓地为何一反常态地大量使用实用物品随葬呢？是何理由令其在随葬品的使用上复古制而逆当代呢？也许从这个家族的信仰、追求、所学、所为等方面仔细研究推敲，方可寻到顺乎情、合乎理之答案吧！

北宋时期的上流社会盛行复古之风，这时社会安定、百姓安居乐业，统治者希望以古礼制规范人们道德行为准则的理念在社会中、上层引发了颇为广泛的反响。受到这一思潮的影响，文人士族们热衷于对《周礼》制度的研究讨论，而一切的思想、行为、举止都提倡向古人学习。与此同时，对古物的收藏、考释亦充满激情。研究古物、编辑图录、著书立说成为文化圈内和贵族们倡导礼制的又一项实践活动。此时的吕氏族中有四位政治、文化名人脱颖而出，他们分别是：吕大忠、吕大防、吕大钧、吕大临，被史书及蓝田百姓称之“吕氏四贤”。其中的吕大钧堪称古礼实施者之楷模。大钧继妻种氏墓志铭中载：大钧生前倡导古礼，夫人一生与他志同道合，大钧死后，夫人主丧，一切礼仪完全以大钧为父亲操办丧事所行古礼为准则。可见吕氏家族好古礼且善于践行。吕大临，号芸阁先生，尤以研究古物见长。

图 16　粉彩女俑

他所编纂的《考古图》收录了一些流散图集与当时收藏界的个人藏品，集古器物名称、时代、图像、尺寸、器物描述与考释于一身，至今仍为古器物图录中的不朽之作。他本人也被誉为中国考古学之先驱。在这部传世古今的图录前言《考古图记》中，大临先生透彻地阐述了他对上古流传下的古物所持有的独到见解："数千百年后，尊、彝、鼎、敦之器犹出于山岩、屋壁、陇亩、墟墓之间，形制、文字且非世所能知，况能知所用乎？……非敢以器为玩也，观其器、诵其言，形容仿佛以追三代之遗风，如见其人矣。以意逆志，成将其制作之原，以補经传之阙，纠正诸儒之谬误，天下后世君子有意于古者，亦将有考焉。" 正因此愿，生活于北宋中晚期的吕氏"大"字辈众兄弟及其长者，严身自律、表率后世，卒后不随古物，仅用石、瓷仿古器以效三代之礼，只求意到，形似与否并不深究；而其他葬器也主要为墓主平素使用日常物件。此做法，既合乎古制又省去购买随葬用品所需花费，从而在随葬礼制方面完成了追随上三代之风的夙愿，同时也彰显了节俭持家的一贯原则。

如此随葬理念持续至北宋末年。彼时，金人强悍，北方地区时局不稳，朝堂动荡不保，以儒学传家的蓝田吕氏必将忠君而随之迁徙。考虑到动荡流亡中家族珍藏古物不堪颠沛流离，若被毁或流入商贾、外夷之手，莫如追随先祖长眠地下更加安全。所以吕氏四贤的孙辈们争相把家藏古物纳入父辈坟墓之中。这就是为何"山"字辈成员墓中出土一批家藏古器物的理由所在。也正是这批古物的出土，进一步证实了吕氏家族核心阶层中数代人对研究、收藏古器物所做出的不懈努力与贡献。

也许冥冥中有着不为人知的自然感召力吧，九百多年后，一个不期而遇的古墓盗掘案，令中国考古芸芸后辈得见先贤遗珍之光彩。

然，这些考古发掘出土的实用物品反映了宋人生活的哪些内容与场景呢？通过它们又如何了解和认知那个繁荣富足而充满文人气息且去之已远的朝代呢？也许，它们就是随光阴逝去的未知世界留下的一束耀眼余辉和引导我们朦胧感知千年前国人真实生活的一个轮廓吧。

民以食为天

民以食为天，这是亘古不变之理。经漫漫数千年淬炼，终于成就了闻名于世的中国灿烂饮食文化。从吕氏墓出土餐具的众多数量、精美造型、多种质地、细致分工可见，九百余年前的贵族阶层已根据食材不同、烹制有别、功能各异而将食具做了明确归类划分。例如瓷餐具中口径较大、腹部较浅的圈足碗数量颇多，与今日饭碗基本无异，可谓盛饭之器（图17）。上古时期的饭碗称为钵，其形制与碗类似，平底或圜形底，底下不带圈足。带有圈足的碗大约出现于南北朝，因其使用更加方便而盛行于唐代并沿用至今。另一类大口浅腹圈足盘也是主要随葬品之一，在墓室中往往叠置摆放，形制与现代菜盘相近，应以装菜肴为主（图18）。盘产生很早，魏晋之前盘的形制为较大长方形，类似现在的托盘，用途亦与托盘相同，是分餐于盘中后供人食用的。唐代因受外来文化影响，用餐方式由分案专盘进食而逐渐改为同案共盘进食。传统长方盘的形制虽得以保留和延续，但较小之圆盘则更能适应已经发生变化的聚餐新形式，所以唐以后圆盘便成为盛敛菜肴的最佳选择。墓中出土的一些小口鼓腹罐，因腹内曾发现骨骼残留，故推测此类器皿可能是盛放汤类的主要用具（图19）。罐的使用在我国不但时间久远，而且形制多样、用途广泛，传承至今依然盛况不减。现代饮食文化中此类小口鼓腹平底罐仍然是煨汤炖菜的常用器具。

⬆图 17　青釉刻花碗

⬇图 18　白瓷盘

图 19 小口鼓腹罐

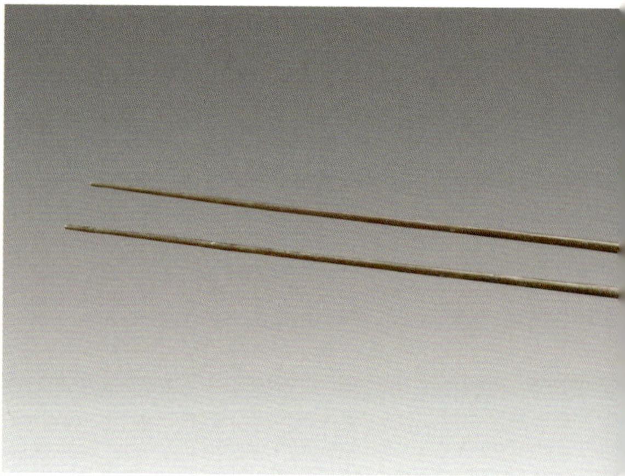

图 20 铜箸

就餐用具仅见铜箸（图20）与勺，推想尚有竹、木为之，只是未能遗存至今。其实，与西方用餐器具相比，从古至今我国的箸与勺就是唯一的进餐用具，它取材便利、制作简单、使用快捷，是世界公认最有中国特色的餐具之一。北宋吕氏墓内出土的箸与勺进一步表明了它们的悠久历史和经过数千年实践印证而始终被公认的优良实用性。

在众多以瓷器皿为主的餐具内，北宋中晚期以青釉素面、青釉斜刀刻花器为主，兼有黑、白釉瓷器；而北宋晚期薄胎米白釉器数量的攀升则显示了时代发展中釉色的流行趋势。

上述餐具形制的最大特点是：碗之腹壁斜直，圈足较小，俗称斗笠碗；盘则腹略深、下设圈足、器壁稍厚。部分器物口沿有金、银、铜扣装饰，一为增添华丽富贵之气；二是应合隋唐以来用金银为食具有助养生之说。

总之，食具虽数量众多，但形制相对单纯，与现代餐具在用途分工方面基本类同。

茶香溢千年

蓝田北宋吕氏所有墓葬中都有随葬茶具出土，这些茶具有瓷器、石器、陶器、铁器、铜器，还有当年曾晶光闪烁的锡器，美轮美奂，令人目不暇接。如此集精雅于一身的茶事器具，以不争之实表现出饮茶在宋人日常生活中所占有的重要地位。

“茶实嘉木英，其香乃天育。”一语道破了古人对茶的理解与赞誉。实则，关于茶的认知在我国可追溯到遥远的氏族社会。现浙江省杭州市萧山区的湘湖上有一个遗址博物馆，名叫“跨湖桥遗址博物馆”，馆内所展示的是一座位于湘湖底部、距今八千年前的人类生活与居住的部落遗址。在这里，考古工作者发现了一些茶籽遗存，虽然这些茶籽可能只是采来食用的，但它的出现至少说明：茶树在此时便已被人类认知并受到关注。

成书于战国的辞典《尔雅·释木》中有“槚，苦荼”之说，荼即是茶，这应是迄今关于茶的最早文献记载。

近年来，山东济宁邹城市邾国故城遗址西岗墓地一号战国墓随葬的原始瓷碗中，出土了煮（泡）过的茶叶残渣，为目前已知世界最早茶叶遗存。

如今，在现代人的生活中，饮茶也非常普及，并受到诸多人士钟爱追捧，方法都简便易行，器具也简单明了，一只茶杯、一包茶叶就能安逸享受茶的芳香。所以面对这些琳琅满目的北宋茶具时，作者在兴奋之余亦颇感茫然。最终，还是通过对资料的查寻和器具功能用途的分析研究，方知千年前的北宋社会共流行着三种不同的饮茶方式，

图21　三足铁鼎

它们既有产生与兴盛之先后，又存在着阶段性的共存关系。这三种不同饮茶方式分别为：烹茶、点茶、散茶。

烹茶

吕氏墓葬中的烹茶器具出土数量不多，却代表着一种古老的饮茶方法。比如，2号墓中出土的三足铁鼎（图21），它有三条细高的腿，说明三腿之间可以架柴点火，因此这是一件用以加温烧煮的容器。还有一件用青灰色质地较软的骊山石制成的圜底铫（图22），口沿上带有两个对称的扳手和一支粗短的流。铫本身是吊在火堆上煮东西的饮食具，因是圜底也可用来架在炉上烧煮。此外，25号墓所葬

↑图 22　圜底铫

↓图 23　骊山石釜

的两位夫人随葬有一件骊山石釜（图23），这件器物敛口、鼓腹、圜底，口上带盖，肩部对生两个方折立耳，通体有明显的磨损使用痕迹。釜也是古人用来烹煮的主要器具。这些烹煮器具在饮茶中扮演了什么角色？难道宋代人的茶是煮着喝的吗？

确实如此，在宋人的饮茶方式中，有一种传统的方法一直被保存下来，这种方法就是将茶叶采摘后经蒸青制成可以存放的茶团或茶饼，煮茶时投入釜中，加水的同时再放入葱、姜、茱萸、大枣、橘皮、薄荷等佐料一同烹煮，最后加入适量食盐调味，煮出的茶实际像一锅菜汤。因含药物成分，既可发散去寒，也能解暑降温，更具有防病和保健功能。饮茶的人可根据需要选择添加的辅料，如果受了风寒，茶中可煮进一些葱、姜、茱萸；如果中了暑热，则添加一些薄荷；消化不良需加入大枣、橘皮，而食盐作为调味品是必放的。这种饮茶方法自西汉开始直至六朝，颇为盛行。据说，现代的广东客家人仍传承了这种古老的煮茶法。因茶煮得像菜汤一样，所以我们称这种饮茶方式为粥茶法，又叫茗粥。然而对这种菜汤式的饮茶方法，唐人陆羽在所著《茶经》中表示出很大的不满，认为这样煮出的茶如同弃之沟渠中污水一般。由此可见，当年的粥茶滋味肯定和现在的茶味大有不同。

虽然粥茶的口味可能让现代人难以接受，但它独有的保健性能和治疗小灾小病的功效，使这种饮茶方式在那些偏僻的、医疗条件不好的乡村山野里流传下来。记得那是20世纪70年代末我下乡插队的时候，住在一户老乡家里，一天得了感冒，整整咳嗽了一夜，第二天一早，房东的老婆婆踮着小脚颤巍巍地端来了一碗煮好的茶汤，盯着我一气喝完，那茶中浓浓的姜味和微咸的口感给我留下很深的印象，而茶里蕴藏的关爱更令我终生难忘。现在想来，那茶汤应该就是粥茶的滋味了。

随着时间的推移，两汉流行的粥茶，到两晋时有了改良，一种相对粥茶更为精致的饮茶方法逐渐产生并在上流社会开始兴起，这种方法是将茶饼或茶团碾成末煮沸饮用。当时的许多名人皆有与茶相关的奇闻逸事流传下来。如西晋惠帝时的著名爱国将领刘琨，他出生于今天的河北一带，乃西汉中山靖王刘胜之后。年轻时相貌英俊，而且胸怀大志，决心报效祖国。为了达到这个目标便十分严格地要求自己，常与好友祖逖一起听到夜半的第一声鸡叫就起身练剑。人们为了褒奖他们的勤勉刻苦，便有了“闻鸡起舞”这个成语。后来，刘琨不但成为一个爱国志士，还是个诗人和音乐家，同时也是个品茶高手。在西晋将要灭亡之际，刘琨临危受命，当了并州刺史。并州在今山西一带，这里经常遭到匈奴侵扰，刘琨上任后对外抵御匈奴，对内安抚百姓，孤军坚守并州近十年，后终因势单力薄而被迫放弃并州。作为志士，眼见西晋灭亡，天下大乱，自己又无力回天，心中的郁闷是可想而知的。为了缓解这满腔惆怅，刘琨常写信给远在南兖州做官的侄儿，要他寄好茶以解忧愁。其中一封信中写道：“前得安州干姜一斤、桂一斤、黄芩一斤，皆所须也，吾体中溃闷，常仰真茶，汝可置之。”意思是说：最近我得到一些饮茶必需的上好配料干姜、桂皮、黄芩等，就盼望着得到好茶以缓解胸中的烦闷，所以你要赶紧给我寄过来哟。南兖州在今江苏一带，当时不但产茶，而且盛产好茶。与众不同的是，别人以酒解忧，唯刘琨却以茶解除忧闷，因此留下这千里求茶的一段佳话。

茶，作为一种大众饮品而被广泛传播和饮用应在中晚唐时期，时有“茶为食物，无异米盐”之说。可见茶的饮用已普及至寻常百姓之家，成为日常生活中必不可少的饮品，享有与吃饭同样重要的地位。这个时期的饮茶法正是从粗放向精致的过渡阶段，有两个明显特点：一是将茶饼碾磨成细米状碎颗粒后再沸煮；二是对水温有了较明确的要求。彼时烹茶的全过程是：先碾好茶末，再用风炉将茶釜中水煮开，水从微沸至大沸可分三个阶段，一沸如鱼目、二沸如连珠、三沸如鼓浪。只有二沸之水最适于烹茶，所以当水烧至二沸便可量出茶末投入釜心，随即用竹篾搅动，并加入食盐调味，待煮沸到泡沫涨满整个釜面，茶就煮好了，即可舀入碗内饮用。此烹茶法虽较前述粥茶法已讲究了许多，不再加入其他佐料，但仍要加盐调味，而且茶末经沸煮必定烂熟，茶的自然香气和韵味已基本丧失。所以，盛行于中晚唐的烹茶法仍不能彻底摆脱传统饮茶方式的影响。

我们前面提到的那些随葬于吕氏墓中的茶鼎、茶铫、茶釜都是用来烹煮末茶的器具。由此说明，北宋中晚期传统烹茶法仍然存在并受到部分人的青睐。虽然烹茶是老传统，但吕氏一族所用器具却格外讲究，因嫌铁釜有腥气，而更喜欢用毫无异味的洁净石具烹煮茶汤，可见其贵族生活的细致入微。

点茶

除了那些烹茶用的器具外，还有一些更为精巧雅致的茶具，它们的产生代表着中国饮茶史上一个崭新而辉煌的阶段，那就是奢华精致的点茶法。

点茶，兴起于唐代晚期、鼎盛于宋元两代。吕氏墓中随葬此类茶具量大而系统完备，包括茶撑、茶碾、盏碗、桶形小盒、渣斗与平底钵、铜则、汤瓶、托盏和茶筅一系列器具。

仅从这些众多且精美的茶具上，便可深切体会到这种新的饮茶方式之细腻入微和富有情趣。而它的制作流程用“复杂”和“讲究”来形容也是当之无愧的。

点茶法首先要求有极好的原料来源。北宋时期最好的茶产自福建建安的凤凰山一带，又名北苑茶，是朝廷的贡茶。宋太宗时，以北苑茶制成了著名的龙凤团。宋仁宗时，正值北宋盛世，有一位身居高位的能臣干吏名叫蔡襄，是福建仙游人，也被誉为北宋首席茶艺大家。蔡襄既是福建人、又常年在福建做官，自然对茶的研究有着得天独厚的优势。关于蔡襄对茶品的鉴赏，还有一段真实的故事：北宋中期，在福建建安的能仁寺山石缝中天然生长着一株茶树，寺僧们偶然发现了这棵珍贵的茶树，并将采摘下来的茶叶造得八块茶饼，号称“石岩白”。寺院将四饼馈赠给福州知州蔡襄，另外四饼送给京城朝官王禹玉。一年后，蔡襄应诏还京为官，闲暇时到王禹玉家串门，王见蔡襄到来，便命仆人选用最好的茶来待客。蔡襄捧着仆人冲好的茶，还未品尝就说：“这茶像极了能仁寺的‘石岩白’，公从何得之？”王禹玉一时也说不出茶叶的品牌，忙叫仆人拿来茶筲上的标签一看，果然是“石岩白”。自此，他对蔡襄鉴赏茶叶的本领佩服得五体投地。

蔡襄不仅长于鉴赏茶叶，还精通制茶工艺。经他改造后的北苑茶小龙团每斤价值黄金二两，即便如此，因产量极少，只能供仁宗皇帝一人饮用，就是王公大臣也是连小龙团的影子都见不着，因此他们纷纷抱怨说“黄金易得而小龙团不可得也”。当然，宋仁宗也不舍得独享，每年祭天之前，都会赐给中书省和枢密院各一块小龙团茶饼。两个机构再把两块茶饼平均分配给八位宰相级的重臣。而这些得到一小块茶饼的人谁也舍不得喝，争相把它收藏起来。就这样，二十多年后，担任枢密院副使、参知政事，官居副宰相一职的欧阳修终于分得了一小块茶饼，这是人臣的极高礼遇，欧阳修恭敬地将皇帝的御赐供奉在家中。宋仁宗驾崩后，他每次捧茶欣赏都会百感交集、痛哭流涕。

到了北宋晚期徽宗时，又出现了以“银丝水芽”制成的“龙团胜雪”，每饼值四万钱，相当于现在人民币一万元左右。这种高档茶饼对原料要求极高，只从采摘的茶叶中取其芽尖，蒸过之后反复压榨一昼夜，将茶的汁、色全部挤出。现代人认为茶汁去尽而茶之精髓已失，但宋人并不这样想。榨尽茶汁茶色后再放入盆中研磨到细匀滑腻的糊状，同时加入少许龙脑等香料和一定量淀粉制成饼或团状，烘干后存放。经这样一番工艺后，制出的茶饼就变得洁白而滑腻。达到了这一标准，才有资格成为这种新的饮茶法——点茶的最佳原料。吕氏墓内随葬的青釉、白釉瓷盖碗应是贮存茶饼的容器，并以7号墓内的青釉刻花盖碗最为精美而具代表性（图24）。

接下来的茶事中，首先是把茶饼碾成末。当然，碾茶的要求也很高，好茶末细如粉尘，这与唐代茶末的细米状区别很大。整个碾茶程序是：先将茶饼锤碎炙干，炙干茶饼的器具类似现在的饼铛，只是形体很小。吕氏24号墓中随葬的三足铁器形似盘而底尤其厚（图25），

图24 青釉刻花牡丹纹盖碗

图25 三足盘式铁器

图26　石茶碾

图27　青釉圆盒

因有三足可撑于火上，所以笔者认为应是炙干茶饼的器具。炙干后的茶再放入茶碾中反复碾压，直到成为粉状。因茶饼很金贵，茶碾以形体小而精巧者为上品。2号墓出土的青石茶碾，虽然破碎，经修复仍可见其原形（图26）。碾磨后的茶粉再用茶罗过滤一番并收入罐、盒一类容器内待用。这类器具出土较多，以瓷质与加碳陶质为主，做工端庄别致。15号墓中的青釉素面筒形盒（图27）、20号墓出土的具有黑亮加碳外皮的筒形小盒等都是当年墓主存放茶末的实用器。

备茶完毕后点茶即将开始，这种新的饮茶方式最大特点就是完全摆脱了传统的煮茶法而改为冲茶法。为不影响冲入盏中的水温，必须先将茶盏预热。宋人是怎样预热茶盏的呢？

现有文献并无详细记载，从出土器物分析，烹茶时用来装盛残渣的渣斗在这种新方法中不但存在，而且斗口往往增扣一个大口平底

⬆图 28　青釉刻花瓷钵

⬇图 29　青釉刻花渣斗

图 30 铜茶匙

钵。其外表也制作得十分华丽，瓷渣斗和配套瓷钵通体会施有花纹，有的口沿上还包着金银扣边；铜渣斗与铜钵则外表鎏金，显得辉煌富贵。但纵观这种新方法，整个冲茶过程因原料已细到粉尘状态，并无任何残渣可丢弃。所以笔者认为，此时的平底钵应该是用来盛放茶盏以浇沸水预热的器具，而配套渣斗则用以存放茶盏预热后留下的残热水，作用相当于今日茶道中的茶海。待茶事结束，钵就扣在渣斗口沿上成套存放。例如7号墓出土的青釉刻花钵与渣斗就是相配的一套（图28、29）。

茶盏预热后，用茶匙（图30）自茶末盒内舀出茶末，一则定量为一钱七分，将茶末放入盏中，而此时的茶盏也非前朝茶碗，是由精巧的盏和盘形圈足盏托组合而成，盏下加托后品茶，一不烫手、二显得讲究、三也洁净卫生。

吕氏家族墓内出土托盏数量不少，以瓷为主，兼有锡、石质地。其中14号墓随葬的黑白釉配搭瓷托盏（图31）堪称盏中上品，反差极大的色彩搭配增加了视感冲击力，令其鹤立鸡群般与众不同。另一

⬆图 31　黑白釉配搭托盏

⬇图 32　黑釉鹧鸪斑纹茶盏

图33　带盖铁茶瓶

件黑釉鹧鸪斑盏，表面极其华丽（图32），盏下原配漆托，因久存地下，现漆托已不存。

茶入盏后先加水少许谓之润膏，然后以汤瓶（亦称茶瓶）中沸水冲之。煮水所用汤瓶分铜、铁两种材质，瓶无须太大，形体细高，特别是流的曲度与流嘴的削面非常讲究，既要出水通顺，又不能水流过急过大，只有流口斜削角度适当，倒出的水才能掌控随意、收发自如。要达到这些要求，就存在着相当的技术含量。所以当时的汤瓶制作也有名家作坊。例如2号墓随葬的带盖铁茶瓶（图33），执手下端錾刻小楷一行为："戴十玉"。这就是制器工匠的名款，敢用真名为款，既表现了商家对自己产品的自信和担当，也在同类产品中赚得了

图 34-1　铜球形器柄

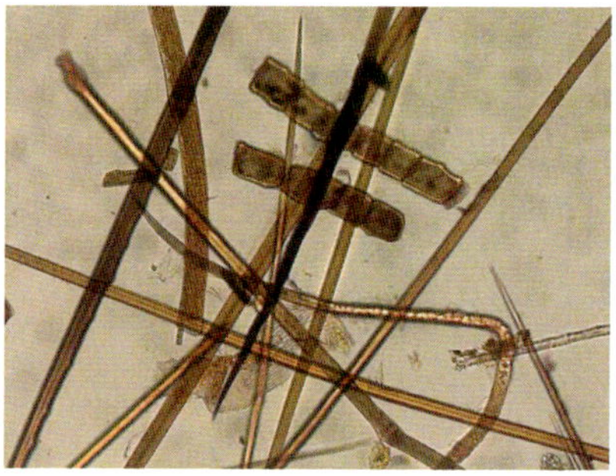

图 34-2　取样分析图

图 34-3　现日本茶道中的筅

知名度。

用汤瓶将水煮开冲茶时须以茶筅或匙不停击拂，令其生出丰满泡沫，击拂的动作好像打鸡蛋一般。茶筅指一种圆形竹刷，是击拂中最好用的工具。吕氏墓葬4号墓内也有出土，只是前部竹篾已朽，仅留下后端的圆形铜把柄而已（图34–1），但柄筒内尚有部分残留，经科学检测后认定为竹篾纤维遗存（图34–2），如今这类茶具尚存于日本茶道中（图34–3）。在击拂过程里，对冲下的水温要求严格，水凉则茶末浮在表面，水热则茶末沉于盏底。同时击拂技巧、手法也很重要。所以一盏香茶若要冲好，必须茶末极细、调膏极匀、水温不高不低、水与茶末比例匹配、茶盏预热好、冲时水流紧凑、击拂时搅得极透，这样盏中茶才能呈悬浮胶体状态。此时茶面上银光流曳、沫饽翻涌，一盏茶才算冲成。

因茶饼中含有淀粉和香料，点出的茶不但芳香而且显示出胶着的乳状，与此前烹茶的汤状差别明显。

从原料制作到备茶、冲茶、成茶一系列工序完毕，冲出的茶也就成为一件精心制作的艺术品。而这种创造艺术品的工艺，就是中国饮茶史上一个耀眼的亮点、饮用末茶茶艺的巅峰、盛行于北宋的点茶法。由于点茶法更能充分发挥末茶的特点，所以成为宋元时期饮茶方式的主流。

在饮茶过程中为添情趣，又有斗茶一说。

斗茶，顾名思义，就是大家比赛谁点出的茶一口喝干而在盏壁上不留水痕，如果盏内壁干干净净没有水痕，就是赢家，表明点出的茶与水融为一体，有较强的内聚力，反之则告失败。这种玩法本身也是对茶品、茶技的检验方法之一。因要检查水痕，那么白色的茶沫在黑盏上留下的水痕最为明显。因此，北宋时期福建龙窑生产的黑釉盏最为有名且价格很贵，即便是贵族也因买得起一套建盏而颇感自豪。吕氏墓葬中出土的建盏有金兔毫和银兔毫两种，金毫较易保存，如今看来仍是金丝闪烁华美异常（图35）。

图35 黑釉金兔毫纹盏

散茶

点茶在宋元盛极一时后，很快衰落消失，现在我们只能从日本的茶道里寻到它的踪迹。从明代到今天，整整经历了近700年的时光，这个历史时期内，与日常生活息息相关的饮茶方式又是什么呢?

两个字：散茶！根据文献记载，明代初年便不再提倡点茶而改饮简便易行的散茶了。所以许多人认为中国人饮用散茶是从明代开始的，实际情况真是这样吗?

考古发现证明，北宋晚期正当点茶极盛时，一种新的饮茶方式又在上流社会中悄然兴起，这就是与现代饮茶方式基本相同的散茶法。吕氏家族墓中出土了体矮、肚大、流短而粗的茶壶（图36），一看其尊容便熟悉无比，和现代茶壶长相一样。喝散茶的瓷杯也不陌生，现在仍可找到它的影子（图37）。最确凿的证据是出土于12号墓中的铜渣斗及配套铜钵，在铜钵内壁上赫然附着许多茶叶（图38），大约

图 38　铜渣斗与钵内茶叶

⬆图 36　青白釉带盖茶壶

⬇图 37　青白釉托杯

有40枚叶芽之多，从个体、形状看，应是上等好茶叶的嫩芽。据墓志记载，墓主人曾做过管理茶、酒税收的官吏，虽然这官的品秩不高，但近水楼台先得月的优势令其对饮用茶叶的品相还是很挑剔的。

在散茶法中，渣斗的作用依然等同于茶海，而配套的平底钵可能仍用来预热茶杯。但与点茶不同的是，浇热茶杯的水很可能是第一道洗茶的热水，这种做法与现代茶道基本相同。也只有这样才能合理解释，为什么渣斗内底留下的是用乏的残茶叶，而钵内壁却留下了没有泡开的茶芽。

这些真实存在的考古发掘证据表明：饮用散茶至少在北宋已开始，北宋晚期于贵族中已成相当气候。

虽然点茶相当风雅，但是耗资巨大、费时费工，又极其繁琐，因此，明代时官府便提倡推广饮用散茶，并逐渐成为全民普及的饮茶方式。散茶的最大特点是保留了茶叶的原形、自然香味和色泽，换句话就是：喝散茶才能真正品味到茶的自然属性和精髓。从此，中国人喝末茶的历史画上了句号。而散茶的饮用则起始于宋，兴起于明，盛行于清代及其以后。

总之，随着时代的发展和社会的进步，汉代的烹茶而饮在历经魏晋、南北朝、隋唐时期茶艺的不断进步、逐渐普及后，宋代已达到中国历史上茶文化之巅峰时期。无论宋人以何种方式饮茶，均充分显示着茶在宋人生活中至关重要的地位，同时也折射出宋人爱茶、品茶、赏茶，以茶为雅之情操。吕氏墓内出土众多陪葬茶具正是这段历史的真实写照。

对酒当长歌

从对蓝田北宋吕氏墓园的考古调查、发掘乃至资料整理的整个过程中，让我体会最深刻的是这个家族精致讲究而不奢华的日常生活。所谓讲究，就是所有的生活用具都根据不同需要分工明确、用途专一，不乱拉乱用。不奢华是指器具制作材质比较大众化，没有金银等奢侈品和繁缛复杂的装饰。而精致则是吕家素来重视的一种生活品位，追求的是在平常的材质中体现出与众不同的格调。比如说，吕氏墓葬的随葬品中，有这样一批器物，不但数量不菲，而且是每个墓葬中的必备之物。这些以瓷器为主，兼有石、铜、铁、锡各类材质制成的器皿属于哪一类生活用具呢？它们在各自的实用功能中又有哪些与众不同呢？

探索的目光首先从这类器物中身形瘦高、小口束颈、腹深而长圆的瓷瓶开始。

这种瓷瓶数量较多，遍及每一座成人墓葬，因其形长又腹深，故名长瓶（图39）。以前它还有个别致的名字叫“梅瓶”，顾名思义，起初人们以为这种瓶亭亭玉立，表面装饰的刻花图案既雅致又不失华丽富贵，再加上深腹小口的造型，若插上一枝怒放的梅花，才更有傲然挺立、超凡脱俗之感。实际上，这是收藏界赋予它的雅号，当时的人们对于它的来历并不清楚，误认为是古人插梅花摆放于庭堂几案上的花瓶。通过近些年的考古发掘，长瓶在墓葬发掘中的多次出土已经使这种说法不能成立。梅虽高雅，亦获历代文人所好，但频频从墓葬中出土的事实，证明了梅瓶之说并不妥帖。吕氏家族墓中的长瓶有细瓷也有粗瓷，有刻花也有素面，更有一些外形并不“亭亭玉立”而是有些歪歪斜斜。这样的瓶如果用来插梅花恐怕是有碍观瞻，何况每座墓必出的器物应该是实用品而非观赏品。那么，长瓶的用途究竟如何呢？

图 39　青釉刻花长瓶

图 40　酱釉素面大底酒瓶

从古至今，中国人在祭祀天地鬼神、列祖列宗的仪式中，有一种饮品必不可少，它的特殊口感、它的有些刺激的气味都被认定是鬼神所喜爱的，而且通过这种饮品散发出的气味可以传递祭祀人的情感、祈求，并可表达敬畏之心。这种除去一般饮品的实用功能外，还具有特殊意义的、直到今天仍与我们的生活不可分割的饮品就是——酒。

所以，吕氏墓中随葬的那些长瓶，是用来装酒的酒瓶，是以祭酒的身份葬入墓穴的。正因为酒是必须的祭品，所以才遍及每座墓葬之中。

与长瓶同出的还有一种模样恰与长瓶相反的酒瓶，它形体敦实粗壮，设有小口和桶形圆直腹，底大而平，外表施明亮润泽之酱色瓷釉（图40）。因腹圆底平，不但“大肚能容”、且足跟平稳，尤其是憨厚的外形和通体光滑均匀的釉色，更平添了几分萌情与可爱。

从这些出土酒瓶的外表分析，瓶子的做工、质地、外装潢应该与瓶中酒的优劣有很大关系。比如前面提到的青釉刻花长瓶，不但制作规范，而且瓷质较细腻，外壁上以斜刀刻花工艺装饰折枝牡丹和莲花图案。工艺、用料皆比青釉素面长瓶、黑釉素面长瓶做工仔细复杂许多。至于那些素面长瓶，不但外形不甚规范、用料相对粗糙，而且表面釉层也厚薄不匀，显然这类瓶中之酒，品质上与刻花长瓶内酒有一定距离，价格上也有高低之分。

遗憾的是，所有酒瓶无论体形高矮、做工粗细，都是敞口无盖。所以我们今天看到的只有各种酒瓶，而瓶中却没有半点酒的踪迹。这是什么缘故呢?

通过仔细观察，原来这些酒瓶不是没盖，而是盖子烂掉了。当年的酒瓶口肯定是堵住的，按传统方法，卖家会用红绸布包裹软木塞封住瓶口，只因日久天长，墓室内又潮湿封闭，木塞朽坏后瓶口便了无遮拦，内装酒水自然挥发殆尽。所以经发掘出土的酒瓶中往往淤满了泥土却尽失了酒的存在。

北宋时期，由于我国饮用酒的历史已经很悠久，所以酒的制造也发展到成熟阶段，各类酒具的使用趋于规范化。如上所说，瓶装酒已然问世，而盛酒器具也统一使用酒注。注子又可俗称为酒壶，体较细高，小口加盖，颈长腹圆，设有长曲流与“耳”状执手。吕氏墓中随葬此物甚多，这类器具仍以瓷质为主，同时兼有石注、铁注、铜注、锡注。其中出土于7号墓的一套酒注与注碗（亦称温碗）就生动地再现了当年注与注碗的关系及使用方法。当时墓室的发掘正在进行中，忽然木棺外右侧，露出了青釉瓷器的端倪，经过对周边淤土的仔细清理后，一件青瓷花口注碗和套置其中的青釉素面酒注便脱尘而出（图41）。虽然这套酒具已被墓室顶部的塌土推倒，却依然保存着当初随

图 41　青釉注子与注碗

图 42　青釉注子与注碗套装

图 43　白釉台盏

葬时套装的原样。更令人惊喜的是，两件器物都完好无损，而且从做工、釉色、质地、尺寸、两者间比例设定等方面皆表现出极为配合、相互陪衬的一致性。由此确定，二者属原装配套的一组实用酒具（图42）。可见，此时酒注已和注碗成为不可分离的组合搭档，同时也说明饮用热酒已非常普及。

流行于北宋的饮酒器是一种名叫台盏的两件套器物。台盏是由酒盏和酒台组合而成。酒盏为敞口，口径在10厘米左右最为合适，底下设有圈足；酒台是用来承托酒盏的，形如碟状，内心凸起圆形小平台以搁置酒盏，底下为较高的圈足。吕氏墓中以12号墓随葬的白瓷台盏最为精美（图43），形似初开花朵状的盏搭配上饰有镂空如意云头图案的托台，通体素净中透出北宋贵族们刻意追求的雅致情调，堪称本次出土饮酒器中的佼佼者。

台盏不但更适合带有长流的酒注斟酒，同时还具备许多独到的优点：首先，使用时以托承盏奉酒，更可彰显贵族生活精致与优雅；其次，用台盏奉酒，使主与客、主与仆之间的恭敬与礼貌尽在其中；第三，以该方式饮酒，可令手指不触及盏沿而保证盏与酒的洁净。真可谓事无巨细中均可感受到渗透其中的贵族生活之精致讲究与细腻体贴。

这个时期，饮酒在许多文人的日常生活中成为极富风雅的事情，有一个与吕氏四贤生活在同一时期的文学家，他的诗句“明月几时有，把酒问青天”直到今日仍脍炙人口，而这位大名鼎鼎的人物就是耳熟能详的大文豪——苏轼。

苏轼的词以豪放著称，在那些家喻户晓的作品中有许多描写酒的佳句，字里行间多有醺醺之态。世人以为其善饮且量大，实际上他的酒量极差，差到只要闻见酒味就会醉。所以每次宴席上，看见别人喝得酣畅淋漓，自己只能羡慕嫉妒恨。但他也曾信誓旦旦地表示，对酒的痴爱却没有任何人能够超过他。他可以终日饮酒而不醉，当然这指的是细酌慢品的节奏。由于长期坚持不懈地“锻炼”，后来苏轼终于有了相当于一瓶啤酒的酒量，这让他很是自豪。

苏轼不但喜爱饮酒，而且还酷爱酿酒。无论走到哪里都会带上酿酒工具和原料，所到之处虚心向当地有名的酿酒师请教，数十年的经验积累下来，竟撰写了一篇名为《东波酒经》的心得体会流传后世。

由此可见，宋人对酒挚爱而情重，酒是其日常生活和精神生活中不可或缺的一部分。吕氏墓内众多随葬酒具亦表达了同一情感与心愿。也正因如此，才有了今天我们对北宋酒具的认识和了解。

综上述，北宋时期贮酒、盛酒、温酒、饮酒一系列酒具的完整组合是：酒瓶、酒注、注碗（温碗）和台盏，这些器具件数较多，又属易碎的瓷器，饮酒时来回挪移拿取既费事劳神，又容易不慎打碎，如何才能简捷、快速地完成这个麻烦的准备过程呢?

吕氏墓葬出土的一件随葬品恰是解决这个问题最现实的答案。

在那些被盗掘的文物中，有一件编号20066的圆形铜托盘，现在盘面上大部分都被绿色的铜锈覆盖，看起来显得灰头土脸，但仔细端量，便可从盘子没有被锈蚀的边缝中看到星星点点的金色闪光，这些残留的金色表明原器曾有着闪亮的金色外表，但真正引起我注意的，是残留在盘内底上大小不同的三个圈形印痕（图44）。经比对后确认：二枚较大圆痕属于同时出土的锡质台盏圈足印迹，从而印证该托盘为收纳酒具之敛器。酒具被摆放在盘中，需要时便能一次性合盘端上供人畅饮，又可在使用完毕后归纳入盘中收藏。可见，盛敛酒具也

的最大特点（图46）。如今已发现的商代最早甲骨文字中“酒”字左边为“水”，右边便是一个小口尖底瓶的象形图（图47）。众所周知，中国文字乃象形文字，小口尖底瓶里装着的水一般的液体就是“酒”字的来源。这或许证明，商代及其更早时期，被普遍使用的酿酒、储酒之器具可能就是小口尖底瓶。这种陶制器物下设的尖底可插入土中，既能使瓶体立稳、同时也利于酒中杂质的沉淀，具有一定的滤酒功能，而且埋在地下的部分与地气相通。现今酒的贮藏仍以地窖或山洞为上佳，其道理同出一辙。这个时期，人们用来饮酒的器具可能是陶制的大口、平底杯形器，该物于考古发掘中多有出土。

商周时期，常用的储酒器为尊，盛酒器是卣和觯，饮酒器为觚，觚的外形类似于束腰平底杯，后来形体逐渐加长变细（图48），它是由原始社会的酒具杯形器演化而来的，主要流行于商周时期，乃当时人们日常生活中的实用饮酒器。

然而，商周两代祭祀所用饮酒器却与日常生活中饮酒具大有不同，这种祭器名曰爵，青铜制成。爵是一种口沿上设有长流、通体饰华丽纹饰、底下有细长三足的器皿（图49）。由于三足细长，足之间可用火加热，所以当时祭祀所用应为热酒，加热后酒气蒸腾而上，芳香浓烈的气味可惊动天地鬼神，从而能够更好地传递出祭祀人对被祭者的种种情感。但在日常生活中，人们习惯饮用的还是凉酒。

汉代人储酒用瓮，用壶。盛酒则是大口樽或盆，这些大口的容器更方便用勺去舀酒。饮酒器具多以漆木制成的耳杯为主（图50），玉卮则是高等级阶层方可使用之饮酒器具，据《史记·高祖本纪》载“高祖奉玉卮，起为太上皇寿”，即汉高祖刘邦手拿斟满酒的玉卮为太上皇祝寿，可见能使用玉卮的人身份至尊。玉卮的形制传统认为似筒状，上有盖，下设三矮足；另有专家考证，深腹高足杯亦可称卮（图51）。

图 50　汉代漆耳杯

图 51-1　西汉玉卮

图 51-2 汉杜陵出土金扣玉卮

当然，汉代人所喝的酒依然是用酒曲发酵的低度酒，但是由于西汉海昏侯墓的发掘及其随葬品的出土，关于中国产生白酒的时间引起了社会各界的关注。在那些种类丰富的随葬品中，有一件形体高大的青铜器非常醒目，那是高一米有余，上部圆筒直径约50～60厘米的蒸馏器（图52）。关于它的用途有两种说法：一是贵族们用来蒸馏花露水炼制丹药的器具；另一种观点认为也许是蒸馏白酒的酒具，因其出土于墓室内藏椁的酒库中。目前两种说法都需进一步论证，但该器物在墓葬酒库中存放，令人不能不对其产生与酒相关的联想。而且它的高大粗壮形体，若用以蒸馏花露水制作丹药，则与以往出土的制丹器具如坩埚等，在体量上有巨大差异。所以，如果后一种说法能够得到更多证据支持，则中国白酒的产生时间将可提前到西汉早期。

图52 海昏侯墓出土蒸馏器

魏晋之时，长期饮用冷酒的习惯开始逐渐改变，据说是因为贵族名流中时尚服用五石散，此散原为药物，魏晋时经改进而成为毒品，服用期间唯忌冷酒。所以温酒而饮便从此起始。该时期酒的制造业得到了很大进展，出现了一些名酒和著名的酿酒师。在晋人张华所著《博物志》中就记载了这样一个关于酒的传奇故事：

说有个名叫狄希的酿酒人，酿出了一种名曰“千日醉”的好酒。一天，一位与狄希相识、名叫刘玄石的酒客因慕其佳酿而来饮酒，狄希说，酒未酿好，饮之恐对身体不利。但玄石自封为酒中之圣，说还没有遇到过能让他酒醉之酿。所以对狄希之言很不以为然，执意要饮。无奈，狄希只得倒出一杯与他，并警示说“只此一杯，可醉千日，你如喜欢它，可等醒后再来”。玄石饮后认为狄希话中有诈，便不快而别。一路上只觉得脚下有些踉跄，回到家中便醉死于地。家人不知何故，遂将其哭而葬之。三年后，狄希算计着玄石已到该来饮酒之期，却左右苦等不见其踪影，遂到刘家询问，家人告他，玄石已醉死三年矣，早已葬入坟茔。狄希闻之大惊说："那是酒醉，不是真死！"急与刘家人掘墓开棺，方见玄石睁眼开口，大声赞道：快哉！醉我者好酒矣！掘墓者皆大笑不已，在笑声中这些人一一倒地，原来是棺中散发出的酒气将其全部醉倒。这故事显然为后人所编，但由此表明，魏晋之时酿酒技术大有提高，名牌酒与优秀酿酒师皆已出现。

到了唐代中期，随着饮用热酒的兴起，酒具也发生了较大变化，储酒器为瓮、罐，先前盛酒的桶状大口樽、盆等器具因散热快已经不能适应新的饮酒方式。口小、腹深、具有管状长曲流的注子，也就是俗称的酒壶成了主要盛酒器。为了保持酒的温度，稍晚时期又出现了深腹、圈足的注碗（又称温碗）。将注碗中加入热水，再置酒注于其内，通过定时替换热水便可长时间保证注内酒的温热程度。所以唐代中晚期之后，在酒具的使用种类和形制上已与北宋非常相似。

千百年来，酒作为饮品、祭品在人类历史上一路流彩翩然走来，令多少风流人物竞折腰，时至今日，仍是熠熠生辉不可或缺。所以当目睹那些吕氏墓随葬品中精巧、秀雅，质地不同、形制各异、用途有别的酒具时，感慨之余却并不惊讶，因为它们从数千年的修为中诞出，又如何不精、如何不美？那些婷婷而立的青釉刻花深腹酒瓶，憨实如黄土地一般敦厚的酱釉酒樽，玲珑剔透釉色青白润泽如玉的高足杯，还有套装一体、实用养生的酒注与注碗皆是宋人精致生活中对酒的青睐与挚爱而留下的一片耀眼的辉煌。

红袖添香时

“绿衣捧砚催题卷，红袖添香伴读书。”烛影风摇，香霭云飘，这种美妙娴雅的情景确是古代文人雅士书斋生活的真实写照。我国香的使用最早应起于新石器时代，在距今四千年前的良渚文化遗址里曾出土一件竹节纹灰陶香熏，器高11厘米，圆形、带盖、垂腹、圈足，盖上设圆孔18枚（图53）。此时所用香料当为具有芳香气味之草、木。夏、商、西周时期，出土文物中虽不见明确的香具器形，但铭文中亦有关于“芳香”的记载。春秋战国期间，人们已认识到对香的喜好纯属自然本性，香气对人体健康与情绪调节有向好作用。此时，王公重臣已将熏香养生纳入奢华生活之所需，出土于陕西雍城遗址的凤鸟衔环青铜熏炉（图54），则是该阶段室内熏香的实证。所用香料仍以传统国产香草、香木为主，如：兰、蕙、芷、椒、桂、茅、辛夷

图53 良渚灰陶香熏

图54 凤鸟衔环青铜熏炉

等。此时用香不仅限于上流社会，在文人雅士中也视熏香佩香为“修能”与“内美”并重之举。

汉代时木香传入中土，其味幽深且保持长久，有明心见性之功，颇得上流社会、文人雅士钟爱。时人对香的认知也更加深刻，特别对其保健与药用功能有了较全面了解。成书于汉代的《神农本草经》中便详细记载了各类香药的名称与功能。于是，香与茶共同走入了人们的日常生活，成为预防疾病、调理健康、修身养性的良好选择，从而产生了繁荣的汉代香文化。著名的湖南长沙马王堆一号汉墓考古中即发现了熏炉、竹熏笼、香枕、香囊等多种香具，同时还出土了许多香

图 55　西汉铜错金博山炉

药，其中一件陶熏炉内至今仍遗存辛夷、高良姜、茅香等混合香草。出土于河北满城中山靖王刘胜墓中的铜错金博山炉，形制呈海上仙山之状（图55），表达了汉人视熏香为益寿延年途径的养生观念。

六朝时期，由于大量边陲和外域香料的进入，使香文化得以长足发展。产生了名目繁多、用途各异的香制品和论述香料、记载制香配方的有关书籍。

唐代是中国封建社会的鼎盛期，国家的强大促进了香文化的空前发展。此时香品种类更加丰富，用途亦更为广泛。

宋代，香的使用已经成为人们日常生活中的自觉行为，并将其上升到高等级的精神文化领域而致其达到巅峰。宋代文人推崇香，赋予其极高的品位，无论写诗填词、抚琴弄曲，还是赏花作画、会友谈文，抑或品茶论道、独坐静思，灯前月下、案头几侧都有焚香为伴，可谓香影相依、无处不在。

因为香事可感悟生活之宁静，感悟心灵之自由，从而创造一隅空灵虚静的意境。所以静、虚、清是香文化的精髓，是文人注入香道的内在灵魂。与历代文人雅士相同，书香门第的吕氏亦是爱香、惜香之人。2号墓中为男主人陪葬的青白釉瓷香熏就格外清雅素净，高圈足的炉身上扣着半球形镂空网格状盖顶，通体晶莹透亮的白釉中泛着淡淡的青色（图56）。这是一件摆放于书斋儿案上的小巧香熏，因不忍与主人分离而长随于地下。还有那些骊山石香炉、铜鎏金香匙、青釉刻花储香盒（图57）等宋人熏香具，既是其生前志趣所在，又是黄泉地府仍情有独钟的表白。如今视之，一物一具于珍贵之余又平添几分赏器凭古回归盛世的激情与感慨。

⬆图 56　青白釉瓷香熏

⬇图 57　青釉刻花储香盒

苍砚残墨在

“苍砚有池残墨在，白头不栉乱书围。”规矩而方正、质地坚硬、叩击清越如玉的砚台，令君子文人见而喜之，传之千年而不朽。作为文房重器的砚，在书香传家的吕氏一族中自然不可缺少，而砚的质地品相与主人之鉴赏、身份、财力、机遇息息相关。

出土于墓葬中的砚台，以歙石砚、贺兰石砚、澄泥砚居多。歙砚、澄泥砚皆居中国四大名砚之列，有发墨快、不伤毫、贮墨冬不冰、夏不腐等诸多优点。故吕氏一族在砚的选择中所表现出的挑剔，正是其优雅致趣的体现。比如4号墓出土的黑灰色圆形三足长眉子歙砚（图58），形制为圆盘状，浅直腹、厚方唇，砚堂一侧隆起墨堂，另侧乃倾斜墨池，外底面平坦，外腹壁雕附3枚卵形矮足，足顶两面斜削成“人”字造型。通体抛光，内面有多处使用磨痕。外底面阴刻宋人仿金文7行，满行7字，共计48字。句读为：“吕子，故大丞相汲公之子，死宣義（議）郎，于其葬，友人王持名（銘）其硯云：貞而温，淨而澤，君子似之。同瘗于穸，亿萬斯年，惟以詒後人。”该砚外观厚重、简明、素净，实属主人生前爱物，卒后由友人于底面錾刻铭文纳于圹中，意喻永相随而勿分离。制作歙砚的歙石产于现安徽省与江西省交界处歙县之东山岗上，当地人称歙山。唐之前砚以陶制为主，唐代石砚方普遍使用，并出现了端砚、歙砚、洮砚、贺兰砚等一批著名石砚。据宋人洪景伯《歙砚谱》记载，唐开元年间歙州猎户叶氏逐兽至长城里（地名），见到山溪中叠石如城，莹洁可爱，遂携归成砚，由此歙砚始闻天下。李晔《六砚笔记》云，端溪未行，婺石称首，至今唐砚垂世者龙尾也。可见歙砚始于唐开元年间是确定无疑的，唐元和年间，著名书法家柳公权在《论砚》一文中已把端砚、歙砚、洮砚、澄泥砚列为全国四大名砚。南唐后主李煜，视歙砚为

图 58　三足长眉子歙砚

“天下之冠”，尤喜歙山延伸至江西婺源后被当地人称为龙尾山所产歙砚。由此，歙州一带制砚业蓬勃兴旺，歙砚价格扶摇直上并名震天下，达到最为辉煌之际。南唐灭亡后，歙砚停产五十年后于北宋重新崛起且深得文人雅士钟爱，这是吕氏墓中石砚以歙石为主的重要原因。歙石的天然纹路有多种，大致可分为：眉子纹（石纹似眉毛）、水波纹（石纹似水波）、罗纹（石纹似布纹）、玉带纹（石纹直而齐整似玉带）、金星纹（石上散布金色斑点）、银星纹（石上散布银色斑点）等类型。色泽以黑灰为主，个别有土黄、暗红色。石质越黑亮、纹路越清晰者品级越珍贵。歙砚之所以为名砚，主要原因是发墨快而丰沛，不损伤笔毫。该特性取决于歙石的矿物质结构，古之歙砚产地现谓老坑，此处石质在显微镜下呈“三角”形结构，所以研墨时易将墨粉切割下来，故发墨快而丰沛。歙砚制作亦非常讲究，古歙砚形制多规范简洁不做雕饰，制作难度大，工匠技艺尤为凸显。为了解歙砚历史与工艺特征，我特意赴徽州古城歙砚厂调查学习，通过对歙砚制作过程的了解，体会到歙砚在制作中需要强大的腕力从下刀处不间断均匀使力向前推进一气呵成，若有停歇则砚堂难以保持平滑。故制砚人必须有经验且年富力强，所谓老砚工制品更好更贵之说与实际并不吻合。

另一方“风”字形鱼肚白澄泥砚中如今仍“残墨尤在”（图59），每每观之，便恍若得见先贤们谈笑间弄墨挥毫潇洒人间的书生意气。澄泥砚是四大名砚中唯一的泥砚，始于汉，兴盛于唐宋。澄泥砚最佳产地乃山西绛州，制作原料为汾河湾沉淀千年之渍泥，将其掘来淘洗后，用绢袋盛之，袋口扎系绳索后再抛入河中，继续受水流冲洗，如斯二至三年后绢袋内即成澄泥，具有细腻无砂、韧性好、可塑性强之特点，澄泥砚亦由此得名。然后“令其干，人黄丹团和搜如面，作二模如造茶者，以物击之，令其坚（此过程谓炼泥）。以竹刀

图 59 “风”字形澄泥砚

刻其砚之状，大小随意。微阴干，然后以竹刀刻削如法，曝过，间空垛于地，厚以稻糠兼黄牛粪搅之，而烧一伏时。”再用黑蜡、米醋相参蒸多次方可。另种说法认为：古法制砚是将特制双层绢袋吊挂于汾河中，河水中裹带的泥沙流入绢袋内，经第一层绢袋过滤后，沉入第二层绢袋中的细泥即为澄泥，得来澄泥须放置一年以上，历经冬夏以去其燥性，方可使用。使用时先经反复击打，称作炼泥，令其密度、强度再次提升，最终几近石质硬度，再以火锻烧成器。无论何种制作工艺，都颇为繁复精细，最终所得澄泥砚才有岩石般坚硬、金属般致密的品相特征，从而跻身名砚之列。

贺兰石砚是以贺兰石为原料制成的又一知名石砚。贺兰石产于贺兰山脉，成矿于十三亿年前，因地壳变动，泥沙沉积而形成，属水成岩。贺兰石结构均匀、质地细密、刚柔相济、叩之有声，色泽紫中嵌绿、绿中附紫，紫绿双色交错辉映，不但娇美，且浑然天成，宛若神工。关于神奇的贺兰石之源，民间也有一段动人的故事：相传古贺兰国有位公主叫坦依·贺兰，她不但美貌如花，而且心地善良。坦依·贺兰不顾王室反对，与身份卑微的武士阿拿结为夫妻。她还鼓励部落的年轻男女勇敢地追求自己的爱情和幸福。后来，阿拿在抵抗外族入侵中战死沙场。坦依·贺兰守护在爱人的身边，日夜祈祷，流下的眼泪化作了清秀莹润的彩色石头。在爱的感召下，阿拿终于起死回生，从此两人过上了幸福的生活。为纪念公主和阿拿的爱情，人们将公主泪水化成的彩石称为“贺兰石”，视其为爱情和吉祥的象征。

那么，以贺兰石制砚究竟始于何时呢？众说纷纭，最早的传说与蒙恬制笔有关。蒙恬乃秦始皇麾下著名战将，曾帅兵十万屯垦于宁夏等地的黄河两岸。蒙恬以“枯木为管，兽毛为毫”制出了后人称谓的“秦笔”“苍毫”。既已有笔，砚亦当生出，故宁夏所产贺兰石砚便自然而然与秦笔相连配套。但该说法仅限推论，并无实据可依，准确的文献记载，自清代方有。据考证，贺兰石已三易采地，清康乾年间在贺兰山前的一个险峰——笔架山上，至今尚留有开采痕迹。《乾隆宁夏府志·地理山川》云：“笔架山在贺兰山小滚钟口，三峰叠立，宛如笔架，下出紫石可为砚，俗称贺兰端。”此地所产石称为前山石，质地稍粗，彩色石不多。清代末年，于小滚钟口后山的大寺沟山峰背后，找到了优异石层，所产石料较前山石质地细腻、色泽丰富，更易制砚，谓之后山料。现代料石产地则移至贺兰山山脊处的小口子沟，这里石质更优，蕴量亦更为丰富。

贺兰石砚具有发墨、护毫、耐用之特点，加盖后可存墨数日不干不臭。历史上曾与端砚齐名，有一端、二歙、三贺兰之美誉。贺兰石砚讲究“相石”和“俏彩”。相石，即以石料质地、大小、形状、纹路走向等自然属性决定砚之形态；俏彩，是根据石料紫、绿两色的多少、大小和分布位置设计砚的整体造型，以达到砚面紫绿分明、含蓄典雅之效果。

然而，如此美好神奇的贺兰石砚却不期而遇地出自吕氏家族中一位年轻的窈窕夫人墓室内，6号墓中没有墓志铭，这位女子便如同那方端庄而雅秀温婉的贺兰石砚一般充满着神秘。但有一点非常明确，这是一方北宋时期制作的贺兰石砚，其外形颇为规矩简约，前宽后窄似“风”字，长方形砚堂设委角窄沿，其内墨堂隆起，墨池倾斜，外底平坦，底下设斜向内收立沿。豆绿色石质细腻坚实，表面通体磨光。砚堂委角窄沿呈紫红色，墨堂心亦有紫红色晕斑，皆属石料之天然俏色（图60）。蓝田北宋吕氏太尉原祖茔始于公元1074年，止于公

图60　俏色“风”字砚

元1117年，故6号墓乃北宋中晚期所建无可置疑。因宋代制器讲究端庄简洁，表现的是大器、典雅、古朴的时代风格，于了无装饰中更加彰显自然之美与技艺之精，所以此砚堪称北宋文房重器精华之作。更为重要的是，贺兰石砚有史记载为清代，但6号墓之贺兰石砚的出土及其精湛娴熟的制作工艺，至少可将其产生年代追溯至北宋或更早时期。而它匠心独运的“俏色”，时至今日仍在众多珍贵的艺术品遗存中熠熠生辉。

墨是文人身份的重要标志。吕氏家族墓葬群随葬的墨锭不在少数，但因地下潮湿的环境令其很难保存，墨锭经水分子长期作用多被

化解为粉末或颗粒、碎片状，在清理过程中只能以密封袋收敛保存。当考古发掘进行到20号墓前室的文物清理时，于扰土中发现残墨锭一截，残长3.8厘米，截面长1.5厘米、宽1.7厘米，该墨锭原为窄长方体，现仅残余后部一段，其余均成粉末。残墨锭四面磨光，截面为长方形，折棱规矩，一侧面上有纵刻篆书“年立”两字（图61）。虽是

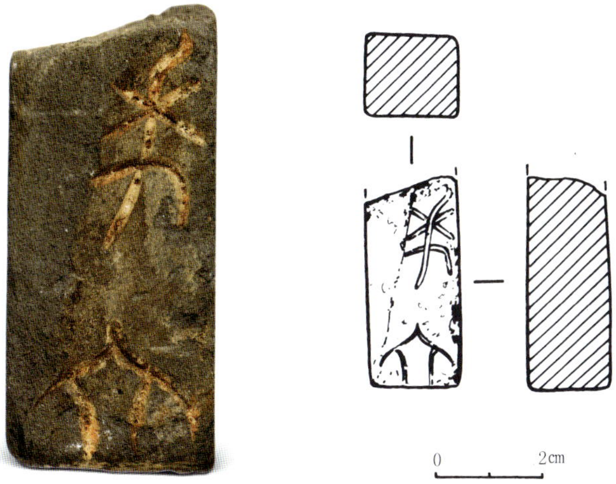

图 61　残墨锭

残缺不全，但墨锭形制尚存、且有篆刻文字，这已非常可贵而令人振奋了。经中国科技大学科技史与科技考古系检测后得知：样品颗粒呈球状，粒径度较大，属碳燃烧后之特征形貌，符合古代制墨工艺中以松枝等燃烧后所产生的烟灰作为制墨原料的工艺技术。同时，又将此样品与数据库中松烟墨相关数据进行比对，最终结论是：检测样品确属徽墨中以松烟制成的松烟墨锭。

我国的古墨按照原料主要区别为油烟墨及松烟墨两类。松烟墨工艺发展脉络为：萌芽于先秦、成型于东汉、完善于魏晋、鼎盛于

唐宋。而油烟墨工艺发展则划分为：渐成于南北朝、与松烟墨并重于宋、鼎盛于明清这几个阶段。传统制墨在长期的发展过程中形成了界限鲜明的两大时段：宋代以前松烟墨占主流，宋代以后油烟墨占主流。

目前，位于安徽歙县徽州古城内的安徽歙砚与徽墨制造厂是生产歙砚及徽墨的知名厂家（图62、图63），在这里可以参观到歙砚和徽墨的整个传统工艺制作流程。我国用墨历史悠久，汉之前主要使用天然石墨，汉代起始人工制墨，以松木烧烟为主要原料，故名松烟墨。此墨色泽浓黑无光，易溶于水。因古歙州北倚南岭山脉中的黄山，此山以盛产松柏著称，山野中劲松挺拔、繁茂苍翠，松木内含油脂丰沛，以黄山之松制墨，墨色黑而书之滑润易行。南唐后主李煜尤爱徽州李廷墨、龙尾山歙砚与澄心堂纸。故徽墨制造业于此时得以蓬勃发展，并于此后的历史时期一直保持着行业中佼佼者之地位。也正因为徽墨的优秀使其知名度持续攀升，需求量的不断增加导致宋代黄山及

图62 安徽歙县制砚厂

图 63　制墨第二车间

周边地区松木被过量砍伐，造成原料的严重缺失。而油烟墨正是这一时期应运而生的产物，油烟墨是以桐油、茶籽油、胡麻油等植物油烧烟为主要原料，因烟内含油脂高，制出墨锭油润有光泽，故曰油烟墨，到明代制墨业长足进展，油烟墨得以广泛生产。所以说，松烟墨历史悠久，宋以后渐为稀少；油烟墨于明代广泛使用，此前则甚为罕见。蓝田北宋吕氏家族墓中所出的残墨，经检测均属松烟墨，是否为李廷墨如今已成不解之谜。但以该家族在关中士族里的首府地位以及于文人雅士圈内的影响程度和对文房用具的推崇青睐而言，族人收藏徽墨名家产品的可能性极大。自古以来，著名工匠或作坊往往于制品上留有款铭以彰显作品所属，所以20号墓随葬的款铭残墨锭当是名家作品应在情理之中。

由于蓝田北宋吕氏墓内随葬墨均为松烟墨，从而以实物印证了北宋市场上松烟墨仍居于主导地位，同时也更加明确了油烟墨可能始于宋而光大于明的发展过程。由此可知，鉴别墨之品质种类，是判断古人字画墨宝年代的凭据之一。目前市场上松烟墨、油烟墨并存，油烟墨价格却更胜一筹。

说到北宋的纸，实乃罕见之物。纸，脆弱单薄，除了传世的、人们刻意精心保护的北宋书画作品外，难得一见其尊容。吕氏家族墓的随葬品中抑或曾有家族藏品和墓主及其亲友的作品，但地下潮湿阴暗的环境和九百余年的时光早已将它们吞噬损毁殆尽，所以整个考古发掘过程没有纸质文物的出土。作为领队，我也从未奢想过见到北宋皮纸应是怎样的激动场景。然而，当我等远赴合肥中国科技大学科技史与科技考古系同龚德才教授讨论出土文物的有机物检测分析时，却意外被告知在17号墓随葬的革带铜扣夹层内获取到一片带有墨迹的似纸类物质（图64），显然这是一片刻意被折叠起来置于铜扣夹层中的衬垫物，当已被伸展开的、泛着黄色疑似纸片的物质呈现在眼前的那一刻，几双充满惊奇和兴奋的目光立刻凝聚在它身上。很难想象，在灞河岸边水气丰沛的黄土深处，在墓葬主人被腐败物质包围的腰腹上，它竟能顽强地保存近千年而质地色泽依旧，真是不可思议！这也许是那个已逝去的遥远家族给他的后辈同仁的一份特殊而弥足珍贵的馈赠吧。为了进一步确定其身份，龚教授的研究团队取样做了显微分析、扫描电镜能谱检测、纤维分析，最终验明正身：该铜扣内附着物不是皮革而是纸

图 64　铜扣中夹垫的皮纸

张，根据纤维形态判断为皮纸，而且纸上存在字迹。

皮纸与白纸、竹纸、白绵纸等同为线装书的纸张种类之一，隋唐五代时的图书已见到皮纸的使用，宋以后的图书典籍中，皮纸是使用最多的纸类。皮纸的种类很多，主要有绵纸、宣纸、桑皮纸等。

用我的肉眼观察，这片泛着黄色的纸张撕裂的边沿有很多纤细柔软的纤维，看起来很像绵纸。

词典中，纸从“系”从“氏”，“系”指植物纤维，“氏”意为基础、基础面、受物面。将“系”与“氏”结合起来的“纸”就意味着“把植物纤维均匀铺摊在一块平底板上”。所以纸的基本含意就是把植物纤维经过人力加工，重新组合而成的一种薄形平面状物质。

早在两千多年前的西汉初期，纸已经产生。1986年甘肃天水放马滩5号汉墓出土的纸质地图，就是目前世界上发现最早的纸张之一。但那时的造纸原料为麻，故称麻纸，质地相对粗糙，未被广泛应用。公元105年，东汉蔡伦改进了造纸术，其最大贡献就是发明了以树皮为原料的造纸方法，所以皮纸在东汉时期已然出现。相对麻纸而言，皮纸的细腻、紧密、柔韧、光洁、润泽、轻薄皆远居其上。从此纸开启了作为文字与图画展示媒材的另一方崭新天地。东汉末年，造纸术得到进一步发展，由于纸张的质量和产量不断提高，且具备质地轻、价格低、洁白受墨、艺术效果丰富等优点而逐渐取代了竹简、木牍、绢帛等文字书写与绘画材料并得以广泛应用。北宋时期，皮纸盛行，已取代了绢素在中国绘画材料中的主导地位。而蓝田吕氏墓中偶遇之皮纸则是此说法的有力佐证。

笔、墨、纸、砚是文房重器，号称四宝。除此外，另有一类并不引人注目的物件，却同样有着不可忽略的重要地位，它们就是我国独有的印章与印泥。在吕氏墓群出土的众多瓷质随葬品内，一件表面莹白光洁的扁圆形瓷盒以其雅致简明的外形格外引人注目。它出土于1号墓后室东南角，由盒盖与盒身扣合而成。盖为平顶微弧、立沿竖直、下置母口；盒身设子口、浅直腹、下腹折向内收，卧足。白色釉层肥厚均匀，釉面滋润、晶莹剔透。灰白色胎质坚细密。器表通素无纹（图65）。出土时盒内残存红色物质一团，经中国科技大学科技史与科技考古系样品提取检测确定为印泥（图65）。印泥中主要成分是红色的硫化汞（朱砂），另有二氧化硅（石英）、碳酸钙及长石等常见黏土矿物质。

天然朱砂化学性质十分稳定，不易褪色和变色。考古发现，我国先民早在新石器时代就开始使用朱砂作为颜料。印泥的使用起源于两千多年前的春秋战国时期，那时的印泥和现在的印泥不同，是以黏土制成的泥丸子。当时，无论公文或书信皆以墨写于竹简或木牍上，为了防止泄密和传递过程中的私拆，在写好的简牍外面加上一块挖有方槽的木块，再用绳将二者捆住并将绳结纳入方槽内，然后用水把黏土泥丸湿透按在方槽内封住绳结，于其上以印章钤出印记作为封检之标记发出。这种泥丸称作封泥，也称为泥封。用泥丸封信的方法一直沿用到魏晋南北朝，此时造纸业已然兴起，《魏书》《北齐书》中均出现公文使用“朱印印之”的记载。隋唐以后，有了品相俱佳的纸张，无论公私信件一律用纸书写，简牍从此退出历史舞台，封泥也就不再使用。此时人们用水调朱砂为印封，印在纸上，从而产生了印泥的雏形。由于水善挥发、干后朱砂易脱落，自元代始方以油调拌朱砂，之后逐渐发展成如今的印泥。制作印泥的主要原料有：朱砂、朱磦、艾绒、蓖麻油、麝香、冰片等，将其按比例充分调合便制成印泥。印泥以朱砂印多见，鲜红带紫、厚重沉着为上品，亦最为美观。

善用印泥之人如善书者选择笔墨一般，其品质优劣将直接影响使

图 65　白釉圆盒与印泥

用效果。印泥的保存亦十分讲究，不可以金属或陶土器装盛，以防印泥日久与金属器壁接触发黑或者被陶土器吸收油分而干涩。贮存印泥的最上等选择是瓷或玉质容器，可保其莹润不枯、经久耐用。1号墓随葬于白瓷盒中之印泥能保存至今，说明北宋印泥制作技艺已非常成熟，贮存、养护之法科学得当，其高质量产品竟可封存近千年而色泽质地依然如故。

印章与印泥是不可分离的一对搭档，吕氏墓内出土的印章极少，仅见2号墓随葬的一方和田羊脂玉章料坯及24号墓出土的铜印章。印章同印泥一样属中国文化中独有的一枝奇艳花朵，1998年河南安阳殷墟出土了一方饕餮纹铜玺，它是迄今为止通过考古发掘出土的最早印章实物，所以印章的使用历史可上达遥远的商代之前。春秋战国时期，人们使用竹简木牍书写公文信件，印章施用的载体为封泥，封泥的使用自东周起直至汉魏，随着造纸技术的改善与推广，竹简、木牍、封泥皆逐一退出历史舞台。印章的施用也由钤于封泥上而转至钤于纸帛上。所以纸的产生与使用改变了印章的施用方式并为其开拓了更为广泛的使用前景。

唐代印章的使用尚在传统的公文信件范畴内，未见书画家将自己的印章用于作品上以示取信的做法。宋代，是一个重文轻武的王朝，在经济、文化发展上成就斐然，堪称封建社会文化艺术之鼎盛阶段。由于宋高宗、徽宗既为帝王又是才华卓越的艺术家，在他们的推动下，鉴藏印于文人士大夫中风靡一时，书画款印也随之迅速发展起来。其中欧阳修的“六一居士”印、宋徽宗的“御书”印至今仍可在其传世书画作品上得见真容。北宋后期，印章已成为书画作品中的有机组成部分，在书画作品上署款钤印的格式已为文人们普遍接受。有学者认为：书画作品上大量施用款印且所用印章名目繁多当在元朝。

然，营造于北宋中晚期的吕氏家族墓出土的和田玉章料存于2号墓东后室棺内，纯白玉石雕凿而成，质地细腻、润泽晶莹，半透明状。印面略呈长方形，未刻印文。背上设矮柱式把柄。通体浩素，表面抛光（图66）。其主人乃族中一显赫夫人，吕氏妇人多出自书香门第，琴棋书画当属大家闺秀所具基本素质。况宋代文人自篆自刻印章已成风气，集书篆、设计、奏刀镌刻为一体，将自身气质与审美趣味融入刻铭内，使之成为体现内心情怀的方寸世界。所以，此上好羊脂玉章坯随于墓中当有两种解释：一是夫人生前颇喜篆刻印章，对深居简出的她而言，也许是情有独钟的挚爱；另一则是，夫人生前善书画，闲暇时常以为之，卒后家人置无字章坯于墓室内，供其幽冥中仍可自篆自刻、行书作画排遣静寂。另一方出土于24号墓的铜印章，被放在墓主腿骨间。黄铜铸造而成，长方形，面上阳文篆书“鼎”字，边廓

图66　白玉印坯

图 67　铜印章

较窄，背面平整，正中立薄片状梯形钮（图67）。此章主人名“麟”而非鼎，显然不是记名章。印章就其用途可分为两大类，即名章和闲章，除名章之外，余者统称为闲章。故24号墓的少年墓主吕麟之“鼎”字章应为闲章无疑。

由此可见，北宋中晚期文人士大夫阶层使用闲章已很普及，即便少年学子亦有专属印章为标记。

镇纸是古人行书作画中经常使用的另一种文房器具。镇，作为生活用具已历史悠久。魏晋之前古人席地而坐，即坐在铺有席子的地面之上，所以席是古人常用的生活物品。《周礼·礼器》载：“天子之席五重，而诸侯用三重，大夫两重。”依此推测平民百姓使用单层，穷苦人家亦可无席铺垫，所以席的使用有着明确的等级划分，因此贵族居必有席，否则就有违礼制。席以蒲草、芦苇、竹篾、藤子等编织而成，容易卷边翘角是其自然属性，坐毕起身时不小心还会移动或勾挂衣物。因此，春秋战国时期席镇便已产生并迅速兴起，其主要作用是镇压席角和帷幔边角，故以质量致密沉重的金属、玉石为原料，成组使用，考古发掘中不乏实物出土。因其纯属贵族用具，制造大多精良华美，如：浙江绍兴印山大墓出土的春秋玉镇就有十九件之多。西汉时期，镇的制作与使用达到鼎盛阶段，大量的出土实物和文献记载皆可为证。河北满城中山靖王墓曾出土铜坐人像镇与错银铜豹镇（图68），皆系镇压帷帐与席角之物。魏晋以后，随着高足家具的介入与普及，人们不再席地而坐，席镇的使用随之衰落。同时，由于在纸、绢上书写作画的兴起，压书、压纸的纸镇愈来愈受到文人雅士的青睐而蓬勃兴盛起来。纸镇形制除动物造型外，还以长方条状为多，细长笔直，又称尺镇。蓝田北宋吕氏墓内随葬的形制不同、质地各异的纸镇充分表明，宋人书房中纸镇已栖身于文房用具不可或缺之列。而此时的纸镇较席镇体型缩小、重量减轻而质地也平添了陶、瓷等略显轻巧的物质。其中最为精美的纸镇应归属于26号墓出土的子母狮纸镇，此物置于西墓室北部偏东，圆雕而成，镇底面平滑。母狮身体稍内蜷平卧于地，抬头微张口欲衔子狮尾，子狮头前伸、腿蹬直，口衔母尾嬉戏，两狮颈、脊、尾部鬃毛纹理刻画精致细腻。整体用浅灰黄色滑石制成，质地疏软润滑。母狮出土时虽右足已缺失，但造型之栩栩如生、母子亲情之表达入微堪令观者视而动情（图69）。2号墓出土的加碳陶尺镇，体形窄长、棱角分明，做工十分规矩，通体黑亮素净无装饰，表面留有清晰的使用痕迹，乃墓主人生前文具无疑（图70）。

图68 错银铜豹镇

⬆图 69　子母狮纸镇

⬇图 70　加碳陶纸镇

吕氏墓葬中还出土一对白石笔架，名曰：嬉戏双狮形笔架 。因是盗墓者挖掘所得，后虽被公安刑侦部门缴获，但其主人已不能确定。据盗墓人言，该团伙只进入29号墓行窃，所有文物均取自此墓中。然，从被盗文物数量、品相、时代特征、制作工艺、装饰纹样及盗洞形制、作案方法等方面综合考量，遭其盗掘破坏的吕氏墓葬至少在2～3座，唯认其一，只图减少罪责而已。当我在博物馆库房的整理间中第一眼看到它们，便认定此乃吕氏遗物无疑，其构思、其外形、其工艺皆与前述的子母狮纸镇有着异曲同工之妙。笔架整体造型微呈弧状，双狮聚首分尾伏卧于地，两狮均做抿耳、瞠目、张口、露齿状，前肢彼此相拥嬉戏耍闹，后肢撇开蜷伏于胯侧，尾部上翘。颈、身、尾上鬃毛纹理刻画清晰，底面平坦。白色石英岩质地显疏松。现两件皆有不同程度残缺，但其神态依旧生动憨萌，做工亦细致入微。当年完好无瑕时，置于书案上不但实用还是一件别致的工艺作品（图71）。目前，这双白石笔架已藏入陕西历史博物馆库房内，作为北宋著名家族曾经拥有和使用过的珍贵物品，经历了冗长黑夜中与主人的千年相守之后，在当今繁华盛世重见天日，并于博物馆的重楼广厦内得到了安宁和永远的家。

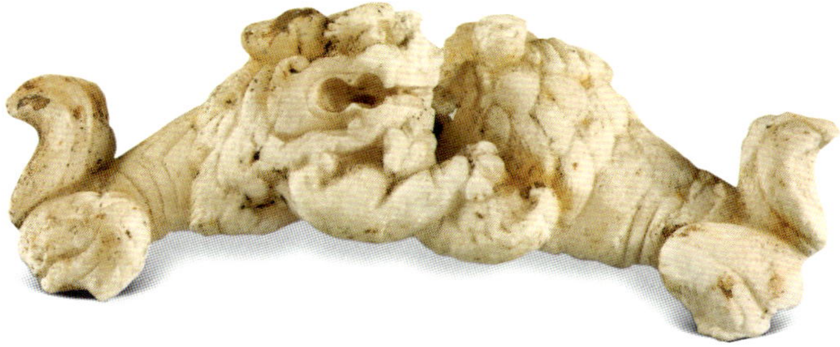

图 71 白石笔架

文房用具的重器谓之笔、墨，书画过程中笔与墨的结合须按用途与追求效果之夙愿而时常变换，水则是完成这一变换的最佳媒介，因此水盂便顺理成章地皇然而出了。由于墓穴中常有整套文具随葬（唯缺笔，恐实物难存），所以水盂的存在是必然的，但因室内天地狭小，没有书案，文具摆放则显得随意而缺乏固定位置。在众多随葬品中，哪类器具应属文具水盂呢?

经观察，具有敛口、鼓腹、平底特征的钵，从各方面条件分析均是最符合水盂要求的器具。首先，鼓腹决定了它有着较大的容量；其次，敛口可有效防止水花外溅；第三，鼓腹下的平底能保证其平稳搁置。从功能上讲，钵自古以来就是水器，盛水是其主要用途。钵最早出现于距今七千多年前的新石器时代早期，当时人们以泥为料、手工烧制而成的陶钵在考古发掘中屡见不鲜，有平底、圜底、三足等多种不同形制，是人类生活中普遍使用的器具。随着文明进程的不断推进，水器的种类愈加丰富，但钵却以其简单易于制作的外形和使用便捷不拘一格的特性，在历史的发展中始终保持着一席之地。当然，自古至今钵的外形虽变化不大，使用的材质却从单一的陶扩展到石、瓷、金属、玻璃，等等。蓝田北宋吕氏墓内钵的出土数量甚多，其中瓷与铜质平底钵多为茶具，表面刻花或鎏金，与渣斗配套成为点茶中预热杯盏之水器。石钵体量较小、与石渣斗配套者仍属茶具，而略大者应该就是文具水盂了。其中15号墓随葬的豹斑石钵就是水盂中之佳作，其形制为：直口微敛，圆唇，鼓腹，平底，卧足，内壁口沿下有凸棱一周。所用豹斑石显青灰色，通体分布黑色半透明斑点，质地较疏松细腻，器表抛光。每当以光源照射时，通体黑色斑点呈透明状，宛如夜幕中闪烁的点点繁星，美丽而充满奇幻色彩（图72）。这便是古往今来豹斑石深深吸引着人们的特殊魅力吧。

豹斑石或称豹斑玉，属叶绿泥石，为单斜晶系矿，含有镁、铝、硅等元素，常与滑石、镁石矿相伴而生。斑点处富含铁，置于光源，有透照的大、小斑点，因形似豹皮而得名。此石硬度不高，易于雕凿。石料产地应在山东一带，亦可能来自中亚西亚地区。器形以唐代仿金银器、青铜器、玉器为多，用途以祭器、茶具、香具等为主。考古发掘中，西安、洛阳一带出土较多。豹斑石曾为药用，但魏晋之后特别是唐代豹斑石多用制器，在佛事用具、祭祀用具、香具、茶具、

图72 豹斑石钵

妆具等不同社会生活领域的实用器中皆可寻到其踪影。

随葬于15号墓的水盂形体简洁质朴、气韵端庄凝重，就其外在特征而言，颇具唐风。恐是挚爱古物的吕氏一族之私家收藏。因其体量较大、品质优良、保存完整且是宋人收藏前朝之物，较之通常文具更加增添了一份特殊和贵重。

砚、墨、纸、镇、笔架、印章、印泥、水盂一系列精致素雅的北宋文具赫然问世，于无声处讲述了一个名门望族、官宦之家浸入骨髓的书香本色。

晓日理红妆

女子日常着妆，既是对生活的敬重，也是对世人的礼貌。对于以礼治家的蓝田北宋吕氏而言，女眷的妆容当是她们日常生活中必做的要事之一，而爱美之心也驱使她们以愉悦和认真的态度对待自己的妆容。所以每一座具有女主人的墓中，无论年龄长幼、无论身份高低，都必有妆具用品随葬，尤以妆粉、胭脂最为多见。例如6号墓中就埋葬着一个身材颀长苗条而又神秘孤独的年轻女子，她没有墓志、没有任何带文字的随葬品，所以她的名字、身份及为何而亡故都不得而知。从墓葬群排列制度上推测，她是蓝田吕氏重孙辈的一个年轻媳妇。也许生来就美，加上雅致的审美观，使她的装束与众不同。一条点缀着众多珍珠的丝巾裹住了满头秀发，身侧还携带着一个只有指甲盖般大小的、做工精致、外表錾刻缠枝牡丹花纹的圆形纯银小盒。出土时盒盖紧闭，但盒上的机关扣件仍然保存完好，当盒盖轻轻被打开时，一团凝结在一起的红色物质令所有人自然而然地联想到了女子着妆用的胭脂（图73）。

其实胭脂的原名叫燕支，原产于现在的甘肃祁连山区，当时有一座名叫燕支的山，此山满山遍野生长着一种开红花的叫作“燕支”的植物，燕支花形状与蒲公英相似，匈奴妇女将它采摘后榨出汁涂于脸

图73　牡丹纹圆盒

上添色。汉武帝时打败了匈奴，占领了祁连山和燕支山，失去了两座山的匈奴人曾凄凉地唱出一首悲歌："亡我祁连山，使我六畜不蕃息；失我燕支山，使我嫁妇无颜色。""燕支"的传入中土与汉武帝之后中、西文化沟通与交流有关。国人将燕支花晾干研成粉敷于颊上为面色，谓之燕支粉，又称红粉。此前，华夏女子做妆仅以白粉敷面，不施红妆。

汉以后的南北朝时期，人们在这种红色颜料中加入牛髓、猪胰、鱼鳔等动物胶熬制成一种稠密润滑的膏脂，从此"燕支"就被改写为"胭脂"，又简称为"脂"。由于使用的广泛性，唐宋以来女子胭脂的红色物质多以朱砂为主料，仍加牛髓、猪胰、鱼鳔等动物胶熬制成膏状使用。由于胭脂的流行，使世界显得更加五彩缤纷，而随着不同时代流行风尚的变化及场合、身份之差异，脂的运用也显现出了丰富的内涵和多种形式。有了淡红如桃花的桃花妆（图74），娇媚如酒晕的酒晕妆（图75）和流行于盛唐、艳如朝霞的赭面妆（图76）等等。

←图 74 桃花妆（唐段简璧墓壁画）

↘图 75 酒晕妆（唐李凤墓壁画）

→图 76 赭面妆（唐让皇帝惠陵壁画）

对于胭脂的使用也颇有一些讲究，先以小指指甲或专用挑勺由盒中挑一点于掌心，再加少许水调匀后以双掌外沿轻轻拍施至两颊。

如前所说，北宋时期，女子着妆不仅为美，而是上升到待人接物之礼数。故吕氏家族的女眷们多随身携带脂盒，一旦妆容有损，便可立时补救，以保证容颜之端庄。当她们离开这个世界的时候，首先要带走的自然也是这些不弃不离的挚爱。所以各种式样玲珑小巧的胭脂盒成为女性墓主随葬品中的一道霞光。

望着银盒中这一团嫣红，自然而然地想要知道这九百多年前的北宋胭脂与现在有区别吗？经过一番仔细的成分检测后，结果令人惊讶，原来6号墓錾花小银盒中的胭脂与现代女性所用胭脂竟有96%的成分组合是相同的。不言而喻，北宋的胭脂制造工艺已非常成熟和进步。

当胭脂出现后，白粉就成为胭脂的最佳搭档，着妆时先以白粉敷面，使皮肤白皙无瑕后，再于其上拍涂胭脂，所以，胭脂和白粉能使女子光彩照人。吕氏女眷们的妆粉皆以瓷盒盛敛，出土时均色泽泛黄且结成硬块，经检测有珍珠粉与铅白粉两种类型。2号墓所出青釉素面圆瓷盒内包含物（图77）经显微分析、扫描电镜能谱检测、X射线衍射检测、红外光谱检测后确定，样品主要成分为二氧化硅和碳酸钙。二氧化硅来自土壤；碳酸钙可能为珍珠或贝壳等研磨而成的粉，因为珍珠的主要成分为碳酸钙，故推测盒内是由珍珠或贝壳等磨成的妆粉。而出土自6号墓青釉弧腹小瓷盒内的包含物（图78），经上述科技方法检测后得知，其主要成分为铅白（碳酸铅）。铅白在古代的用途不外乎绘画和化妆。此处盛敛于雅致小瓷盒内、随葬于女子身侧者，必为妆粉无疑。

⬆图 77　青釉素面瓷圆盒

⬇图 78　青釉弧腹圆形瓷粉盒

纯天然珍珠粉质地细腻、色泽润滑，可美白肤色、提高亮度、养护肌肤，作为妆粉堪称上品。用珍珠粉制作妆粉的方法在《千金翼方》中有记载："悦泽面方：雄黄（研），朱砂（研），白僵蚕（各一两），真珠（十枚研末），右四味并粉末之，以面脂和胡粉，内药和搅，涂面作妆，晓以醋浆水洗面讫，乃涂之，三十日后如凝脂，五十岁人涂之，面如弱冠，夜常涂之勿绝。"除此之外，常用的妆粉添加物还有蛤粉，主要成分也为碳酸钙。

铅白至今仍为女子妆粉中主要成分，质地细滑粉白，敷面后可提升肤色、遮掩瑕疵，在产品档次上亦有高、低之分。但早在两千多年前妆粉出现之时，其原料与加工技术却与后来大相径庭。最早的白粉是米粉，制作方法简单，将粟米碾成细粉后加水沉淀，并置于阳光下晒干而得到的粉末结晶就是米粉。铅粉的产生时间说法不一，例如《本草纲目》中引《墨子》曰"禹作粉"；晋人张华的《博物志》言"纣烧铅锡作粉"。但这些"粉"是否为铅粉，尚需考证。另有人以为，楚时宋玉的《登徒子好色赋》中"著粉太白，施朱太赤"一句的"粉"即指铅粉。然，此说亦有争议。迄今铅粉最为确凿的实证，便是秦始皇陵从葬坑出土的陶俑身上保留的白色颜料，经取样检测后认定为铅粉，这是目前考古发现的最早用于绘画颜料的铅白粉。据史书记载，秦王嬴政即位第二年始建皇陵，直至公元前208年完成，历时39年。秦帝国的创立是公元前221年，灭亡于公元前206年，政权持续仅14年。故铅白粉的产生和应用当在秦帝国之前已然开始，所以说铅白起于战国是有据可依的。随着铅白在绘画与妆品上的普遍使用，特别是妆用铅粉的细腻品质、润白色泽、持久耐性皆深得使用者喜爱，逐步取代了米粉，并成为历朝历代且延续至今倍受女性青睐的妆品之一。

但仅有脂、粉作妆亦不够完美，人们常说：黛眉朱唇才是美人标志。因此眉的修饰和一点红唇更是女妆的经典之作。

在吕氏25号墓中出有一个扁圆形的白瓷盒，视其精致素雅之外表，概以为粉盒无疑，但启盖后却见盒内一片漆黑，些许黑色粉末仍凝结于盒底（图79）。难道这漆黑一片是墨吗？可时至北宋，墨早已制成长条状，断不能粉末般散装于盒里。再仔细观察之后，发现盒中物质并非纯黑，而是更显青黑色，从墓主的女性身份以及瓷盒的精巧外表推测，这些青黑色粉末仍与妆品相关。

在女子面妆中，唯有描眉才会用到黑色。古人画眉的物质叫黛，用黛画出的眉被称作黛眉，青黑色，是由煤或碳质岩石受区域变质作用或岩浆侵入作用形成的天然矿物质颜料。传说周穆王筑“中天之台”，征选许多美女，令其“粉白黛黑”，供己享乐。《战国策·楚策》云：“郑周之女，粉白黛黑……” 战国时期楚国大诗人屈原的《楚辞·大

图79 白釉小圆盒与黛

←图 80　仙蛾眉
（唐段简璧墓壁画）

➡图 81　分梢眉
（唐让皇帝惠陵壁画）

招》曰：“粉白黛黑，施芳泽只。”意思是：白粉和黑黛可以让女子的颜面显得好看而滋润。汉时画眉之风已在宫廷流行，经魏、晋、南北朝推广后，唐代颇为盛行，无论宫廷还是民间，女子画眉成为普遍装饰。杜甫在《虢国夫人》一诗中写道：“虢国夫人承主恩，平明上马入宫门，却嫌脂粉涴颜色，澹扫蛾眉朝至尊。”描述了杨贵妃三姐妹中最为娇艳的虢国夫人，自持天生丽质，入宫朝见皇帝竟不施脂粉却要淡扫蛾眉，可见画眉在女子面妆中已占据首席地位。

眉形的变化仍以时尚流行为准，隋代宫廷中因炀帝喜“仙蛾眉”而流行纤细修长的眉毛，形似飞蛾触角，这种眉形自魏晋至唐宋以后时多流行（图80）；分梢眉即指眉内端尖锐，外端阔而上翘呈分梢状，流行于唐代（图81）；出茧眉形如春蚕出茧、粗短平直，南北朝及唐、宋皆是妇人修眉模式之一（图82）；却月眉又称月眉、弯月眉、月棱眉，形状弯弯，中阔，两端略尖，整个形状宛如一轮下弦月，流行于历朝历代，也是当今正在流行的式样（图83）；柳眉又称

←图82 出茧眉
（唐让皇帝惠陵壁画）

↗图83 月眉
（唐韦泂墓壁画）

→图84 柳叶眉
（唐韦贵妃墓壁画）

柳叶眉、含烟眉，因形似柳叶而得名，稍细于月眉，也是历代女子喜画之眉形，至今仍流行于世（图84）。

虽然文献、诗词中对女妆的黛眉多有记载，但通过考古发掘出土的眉黛却较为少见，考古资料显示，广西贵县罗泊湾一号汉墓出土的妆奁中盛有一包粉化的黑色石黛，此乃汉代女子妆品中眉黛之实证。

要确定白瓷盒内包含物的性质，采用取样科学分析法最为妥帖。于是，通过对样品的显微分析、扫描电镜能谱分析、X射线荧光光谱分析、红外光谱检测等一系列科技方法的检测，最终确定这些黑色粉末主要成分为石墨，其中尚含有蛋白质类胶黏剂。石墨于春秋时曰“石涅”或“涅石”，南北朝已有“石墨”之说。明人杨升庵《谭苑醍醐》注曰：“石涅、墨丹，即今之石墨也，一名画眉石。”石墨即为石黛，检测结果的确定性令人振奋，原来这盒内所装竟是考古发掘中难得一见的妆用黛粉。

图85 银发簪

拥有这盒珍贵黛粉的主人，定是一位爱美且又善于妆容的女子。25号墓所在位置应是太尉原墓园中的吕氏第四代人吕锡山阴宅所在，锡山在墓园停止使用时仍健在，故其早亡的前、后两任正妻便捷足先登占用了阴宅。前妻曰侯氏，继妻曰齐氏。在齐氏夫人的陪葬品内不但拥有胭脂、白粉相伴，还有这盒她最为称心的黛，就放在头顶触手可及之处，即便在黄泉地府也可随意妆点，永葆美丽容颜如生前一般光彩照人。

在女性墓主的妆奁中，除了随时使用的基础化妆品外，其他如首饰、耳饰、项饰等装饰用品极为少见，多数用以束发的用具是铜或银制的无装饰的钗与簪（图85）。仅有两例与众不同，一是6号墓那位充满神秘色彩的小媳妇，她的头颅周围散落着许多白色小珍珠，并隐约可见丝网痕迹。故推测，这位爱美的年轻女子入殓时以坠满珍珠的发巾裹住了满头青丝，成为整座墓园中唯一具有珍珠头饰的墓葬主人。另一例也很特别，那是出土于22号墓东、西两室间生土隔梁西北部漆匣内的一支骨钗，从出土位置分析，骨钗属于吕大钧继妻种氏。吕大钧乃吕蕡第三子，位居吕氏四贤之一，是一位言传身教、力行古制的理学家。曾创建“吕氏乡约”这部民间自发的、约束乡民行为准则的规章制度，在当时起到了提高乡里素质和文明程度的良好作用。卒后继妻种氏夫人严格遵循夫子生前意志为其办理丧事，颇得族人好评。种氏殁后，葬于大钧阴宅中西墓室，此枚骨钗与其他置于西室内的随葬品不同，专以漆匣收敛放于隔梁上，可见主人对它极为器重爱惜。也许这骨钗中隐藏着一段于种氏而言具有特殊意义的故事吧。因漆匣朽坏，大量淤土进入匣内，如今所见骨钗在泥水作用下已粉化非常严重，脆弱至无法提取程度，只能将周围泥土一同切割下来室内封护。所幸骨钗基本原貌仍可分辨，乳白色，通体经雕磨而成，光滑无纹。钗头残断，钗尖缺失，钗体为双股细圆柱状，股截面呈圆形，钗头原连坠一串梯形骨片约3枚、小圆环15个，现钗头已折断，坠饰散置于钗侧。虽然原本整体形制不能完全确定，但钗头众多坠饰与钗体的精致做工皆表现出质本的素雅高洁与设计的匠心独运，二者巧妙融

图86 骨钗

合所产生的美与矜持的华丽（图86）。佩戴者于莲步轻移间鬓上钗头坠饰摇曳闪烁，更加彰显了婀娜多姿的女性魅力。

耳饰更是所见甚少，15号墓的马氏乳母配有菱形铜耳坠一双，以较厚铜片捶揲錾刻而成，两枚形制、尺寸、纹饰完全相同。正、背两面各錾折枝花一枝，一侧长角立沿上钻有小孔，以穿系悬垂。清理时见于亡者肩部，可见耳坠系绳较长（图87）；另一对铜耳坠为椭圆形花蕾状，出于17号墓西侧棺内北部墓主头骨周围，保存完整，铸造而成。两枚形制、尺寸相同，均为八瓣花蕾形，顶心有凸出圆形蕊，花萼制成片状孔鼻，以穿系悬垂。17号墓主人吕蕡与妻子方氏乃葬于墓

⬆图 87　菱形铜耳坠

⬇图 88　花蕾形铜耳坠

⬆图 98　吕氏收藏的谷纹青玉璧

⬇图 99　吕氏收藏的铜镜

←图 100　战国蟠螭纹铜镜

↖图 101　汉代规矩纹镜

→图 102　唐海兽葡萄纹镜

几番辗转轮回方落入北宋收藏家之手。

玉璧最早产生于原始社会，由于蕴藏着厚重的文化内涵，所以具有极为旺盛的生命力，跨越数千年蹉跎岁月而不衰，直到清代仍有不同形制和纹饰的玉璧出现，可见其弥足珍贵的不灭精髓。

在吕氏所藏的古代铜器中除礼器外，古代生活用具则以铜镜居多，其中的内向连弧纹圆镜，不但保存完整，而且品相良好。该镜乃浇铸后经磨制而成，镜体厚重。镜面有锈不光亮，镜背正中设扁球形钮、圆形钮孔，镜沿凸起内、外两沿面皆下斜。镜背钮下置柿蒂纹钮座，座外饰凸棱及内向连弧纹各一周，其外绕短竖线纹两圈，竖线纹带间有粗弦纹三周。凸起镜沿内斜面上饰栉齿纹与勾云纹各一遭（图99）。

铜镜属人类日常生活用具，关于它的起源有许多美丽的传说，而这些传说多与黄帝有关。相传黄帝看见满月明亮，于是便“法满月之数”造了十五个与满月相同的圆且可映照物体影子的物件，第一个直径一尺五寸，依次递减，最后一个正好一寸，这些由黄帝发明的器它开拓的神秘异径是震慑鬼魅、照妖驱魔。

因此，在蓝田北宋吕氏家族墓葬发掘中见到人骨胸腹部平置铜镜时，应当明白，那面曾经明亮的镜子原位是放在棺椁顶上中部，后因木材朽坏才下落至葬者躯体之上的。而它所发挥的并非映物之功，实乃镇邪之用也。

总而言之，通过对蓝田北宋吕氏家族墓葬出土器物的分类讲述，让我们看到了位居北宋关中士族之首的吕氏家族精致而不奢华、简约而不落俗的日常生活。那些珍贵的出土文物，令我等脱离了冰冷的文献记载，直接用双手去触摸和感知到带有时代温度的、鲜活的宋人社会和蕴藏其中鲜为人知的往昔旧事。

第五章

历历故人还

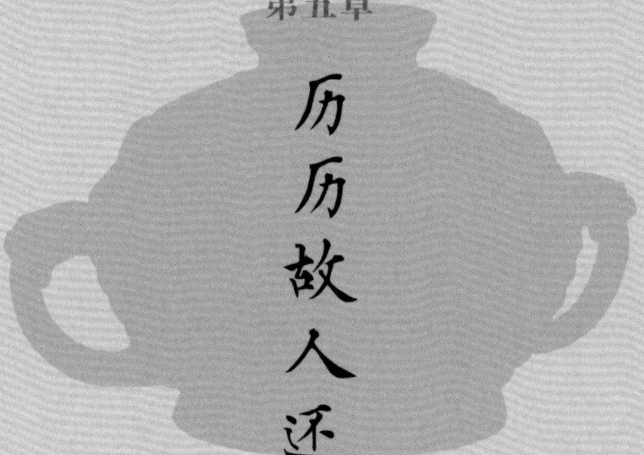

蓝田北宋吕氏太尉原祖茔中共有29座墓葬，自北宋神宗熙宁七年（1074）至徽宗政和七年（1117）的43年内，合计葬入嫡系族人41位。这些生活于北宋中、晚期名门世族深深庭院中的男人与女人，每一个都有着或平凡、或奇妙、或荣耀、或哀伤、或幸运、或凄婉的人生经历，每一方墓志铭的字里行间都讲述着一个个感人至深、催人泪下却又鲜为人知的真情故事。

承前启后再创新

那是北宋真宗咸平二年（999），河南汲郡（今河南省卫辉市）吕村的一个大户人家，新添了一个健康可爱的男婴。父亲说：吾之长子名英，英者花也；次子即曰蕡吧，蕡乃硕果，与英相连，取其开花结果、世代繁衍之意，同时亦期望两子为人精英、功成硕果。后来，这位名叫吕蕡、字秀实的男孩儿，长大便成为蓝田吕氏门中承前启后的重要人物。蕡出生不久，父亲便溘然长逝，孤儿寡母无以生存，母亲张氏不得已携子依附于吕氏宗亲、宰相吕文穆公府中。所幸，蕡自小天资聪颖，在长辈的呵护与殷殷教导中，年逾二十才学见识已然出众，被乡里荐为甲等贤能之士。但因机缘不合，终究未展才华于仕途。直到四十多岁仍居乡里，以道义教育子弟后进。后来转运使张奎（宋史有传）听闻士大夫议论蕡之才情，欲以羔雁之礼聘蕡为学官，“羔雁”一词典出《礼记·曲礼下》，“凡聘，天子鬯，诸侯圭，卿羔，士大夫雁”。即：古代卿及士大夫用以交往的礼物是羔羊和大雁。而转运史张奎以卿大夫之礼求聘，表明对吕蕡德行人品之看重。即便如此，吕蕡仍再三谦避不应。最终在张奎多次推荐下，于宋仁宗庆历二年（1042）被特赐为同三礼出身，出任庆州司法参军。庆州在今甘肃省境内，宋属永兴军路辖制，而司法参军一职乃从八品，主管依法断刑。在此任上，吕蕡因执法公正而名声卓然，被迁为成州同谷县令。成州同谷县在今甘肃省成县境内，县令仍属从八品，掌管境内民政、农桑、法律诉讼、政令推行、税收赋役、救灾安民、表彰上报等等事宜，有战事则兼任兵马都监或监押，可见县令所当之责的确繁杂。任职间，蕡为官清廉、兢兢业业，对陈年旧案予以澄清和平反，众人服其有德量。嘉祐四年（1059）因官声好、能力强而被多名官员推荐晋升为大理寺丞。大理寺是北宋政府最高司法审判机关，掌管刑狱、诉讼案件审理，相当于现代的最高人民法院。大理寺丞为正八品。北宋建国之初，大理寺正、丞、评事皆有定员，分掌断狱。其后，改为择他官明法令者兼任，常参与之官员则兼正，未常参与之官员则兼丞，谓之详断官。吕蕡兼大理寺丞的同时还出任知邠州定平县事。邠州仍隶属永兴军路制下，在今陕西旬邑县附近。据《宋史·职官七》记载："若京、朝、幕官出任地方官，则为知县事。所尽职责同于县令，掌县境内一切事务，如遇战事则兼兵马都监或监押。"在职期间，发生羌兵围困秦城古渭寨事件，古渭寨在今甘肃天水市内，属北宋秦凤路制下秦州境内。秦州（秦城）有军队营垒七处，而古渭寨列其一，被羌兵围困后粮道危绝，吕蕡与转运使一同积极谋划出路，化解危机，平定羌乱，受到皇上嘉奖后仍以谦逊自处。其后，历任主管天子饮食起居的殿中丞，主管分经讲授、考校程文、以德行道艺训导学者的国子博士，等等。无论身授如何官职，吕蕡始终坚持自己的行为准则：对事认真求实、敬业负责；为官克邪扶正、与民谋利；为人忠信坦荡、谦逊不傲，从而在民间、官场皆获赞誉。宋英宗即位，恩诏蕡迁任尚书虞部员外郎。虞部员外郎乃尚书省工部下设虞部官员，正七品，主管"山泽、苑囿、场冶之事，辨其地产而为之厉禁，凡金、银、铜、铁、铅、锡、盐、矾，皆计其所入登耗以诏赏罚"。与此同时，依宋朝规定，官员着绿二十周年赐绯鱼袋，着绯及二十周年赐紫金鱼袋。吕蕡为官已二十余年，故在官阶升迁的同时，获赐绯服鱼佩。绯服鱼佩表朝廷赋予臣下之殊荣。《宋史·卷一百七十·职官十》记载，赐礼分六种规格："剑履上殿，诏书不名，赞拜不名，入朝不趋，紫金鱼袋，绯鱼袋。"加官赐誉后，又曾在尚书省内刑部、兵部任职。宋神宗执政后意欲调其出任知果州事，果州宋属潼川府路隶下，在今四川省南充市。北宋朝臣出守列郡，担任知州者，掌州内民政事务也，其待遇同于朝官。此时吕蕡已近七旬，背井离乡远赴果州实力不能及，故以路途遥远为由婉拒，从此不以仕途为意。

宋神宗熙宁二年（1069），蕡又迁任虞部郎中，此乃从六品职事官，主管西京地区山泽、苑囿、场治之事。北宋西京，在今之河南省洛阳市，为宋陵所在地，唐开元时称河南府，宋改曰西京。吕蕡熙宁三年（1070）患病于京师（今乃河南开封），皇上闻讯亲派太监问候，并诏御医前往诊视。这种特殊的礼遇确非常人所及。面对如此恩宠，蕡感激万分，病情稍好便于熙宁五年（1072）接受任命为从六品比部郎中。比部仍属尚书省刑部下设部门，主管“勾覆中外账籍”。熙宁七年（1074），因病卒于家，享年七十五岁。吕蕡一生仕途以出任地方官吏为主，自从八品做起，步步为营，一路走来全凭个人能力、人品升迁，丰富的基层工作经验和对刑律法度之研究成为吕蕡与众不同的特长。

在家族里，吕蕡是一个有胸怀、有见识、有理想、有抱负的人。步入仕途之前，一直为乡村教育尽心尽力。当官之后，所仕基本在甘陕地区，时关中大儒张载先生创立关学，广收弟子。蕡认定名师必出高徒之理，遂将数子皆送入张子门下受教，令其等均学有大成而为一代名士。同时，替自己与子辈前途谋划，蕡又将全家迁徙至陕西蓝田，并在骊山中寻得佳地而挪移祖茔于斯。从此，家人便以汉唐华都长安人自居，从而实现了后世子孙由河南汲郡乡野之人升迁为华夏名城长安人的绚丽转身，改变了蓝田吕氏一族从门第出身到所受教育这两个重要的人生履历，为子孙后代的发展前景奠定了坚实基础。所以说，吕蕡是蓝田北宋吕氏一族中承前启后的重要人物。

在自己家里，吕蕡不但是个孝敬母亲的儿子，还是一个严格而慈爱的父亲与叔父，在教育子女方面，蕡取得了硕大成果，六个儿子德、才、行俱佳，其中五人考中进士，被乡人称颂为“五子登科”。

对于长兄所遗孤子，蕡亦倍加爱惜呵护。当年宋神宗即位之时，曾依常例诏令百官奏荐亲属给予官品以示恩遇，时蕡尚有第四子未仕，但他毅然放弃为儿子谋官职的机会而将这一恩例让给长兄之子大圭，这个义举又在吕蕡的形象上平添了一束光辉。

也正是这位见地超群的垂暮老人，临终前留下遗嘱，将前祖茔由骊山西塬迁于平易之地，令后世不再因丧事而劳民伤财。可见其胸襟之开阔、情操之高洁。

渭水滔滔始有源

迁徙于蓝田的吕氏一族，因定居在渭水之畔而号称“渭水堂”。渭水堂于北宋中、晚期的关中沃土上，犹如一粒得天地之精华的种子，生根发芽、茁壮生长，成为一株枝繁叶茂、根茎发达的参天大树。但这颗有着极强生命力的种子来自何方？或许人曰：自然源于汲郡！其实，汲郡只是它生命历程的一部分，而那源远流长的尽头却可以跨越遥远的时空上溯到商周社会甚至石器时代。

在商代有一个位居西部的方国名曰周。商代末年，周国的最高统治者西伯侯姬昌，在渭水之滨遇到了自称为炎帝之后的垂钓人姜尚。姬昌敬慕其才华而拜为太师，尊称太公望。太公望之祖曾有功于商王，故得家乡吕地为封邑，国号为吕（现河南卫辉一带。西晋泰始二年称汲郡，北宋属河北西路，治所在今河南省卫辉市附近）。国人皆以国为姓，太公承袭其封，所以姜尚又称吕尚、吕望。吕尚，字子牙、号飞熊，乃商末周初政治家、军事家、韬略家、兵学奠基人，因辅佐姬昌建立霸业而成为首席智囊。周武王即位，授军事统帅之责，帮助武王推翻商纣，建立周朝，乃周之开国元勋。此后册封齐侯，定都营丘，成为吕氏齐国的开创者。据葬入蓝田吕氏太尉原祖茔的首席尊者吕通墓志记载，这位后世推崇备至的太公望，便是蓝田吕氏之先祖。与太公同赴齐者为姜姓或吕姓，留吕者仍皆为吕姓。墓志又云："汲城有太公庙碑书为凭"。

因此，考古队曾亲赴河南卫辉太公泉镇调查。太公泉镇包括太公泉村与吕村等，太公泉村即镇政府所在地，也是姜尚姜子牙之故乡，据清代湖广总督毕沅考证，姜太公旧居在此。经过走访最终确定了汲郡吕氏定居地即为现太公泉村与吕村。虽历数千年变迁，至元末明初时吕国后裔仍定居于斯，至今两村落名称犹在并有姜太公庙、姜太公祠等遗迹保留，只是因为后来的动乱令建筑、碑刻尽失。《蓝田吕氏遗著集校》一书中提到，北宋吕大防兄弟为恢复战乱中遗失的吕氏家谱，曾多方奔走调查，并重新修订。我相信彼时可用资料当多于今日，故墓志所言之蓝田吕氏家族渊源与发展脉络是可信而有依据的。

吕通墓志中不但记载了吕氏先祖为吕尚太公，而且对太公之后的家族延续脉络做了简明交代。志文概述，自周以后，族中人物或大或小，名望显著者多多。最为出类拔萃的应数五代之际分别于后唐、后晋、后周三朝任侍郎的三位族人，他们在当时风云变幻的政坛中皆颇具名望，令整个家族引以为傲。其中之一是吕琦，此人官居后晋高祖天福年间兵部侍郎。公元894年，吕琦生于幽州安次（今河北廊坊安次区），父亲吕兖曾任沧州节度判官等职。后梁开平二年（908），燕王刘守光记恨吕兖助侄子刘延祚守沧州城而捉获吕兖一家，要诛全族，时吕琦仅十五岁，临刑前，吕兖好友赵玉欺骗监斩官说，吕琦是他同胞弟弟从而救下吕琦，并背着他走了几十里方逃得一命。此后，吕琦隐姓埋名、流落他乡，在今山西乞讨为生。艰难困苦的生活并没有压倒这位倔强的少年，逆境中他依然勤奋学习和四处游学。后因才学出众且外表俊美丰仪、气度不凡被后唐庄宗拜为军事判官，从此开启了他人生历程的新起点。后唐天成初年，吕琦担任了殿中侍御史等职务，此时京城清化坊中居住着因失守河中而被罢黜的后唐废帝，琦恰与废帝同居一巷，故常去拜访攀谈一番。一日废帝重做皇上，便格外厚待吕琦，拜为知制诰、给事中等要职。后来外臣石敬瑭引契丹为助灭了后唐，建后晋并自立为帝。吕琦被晋帝留用为秘书监，随后得重用，历迁礼、刑、户、兵部侍郎，正欲出任宰相时，却突发疾病，于天福八年（943）去世，享年四十九岁。吕琦育有两子：长曰吕馀庆，曾任宋朝副宰相；次子就是毛泽东说过大事不糊涂的宋太宗朝宰相正惠公吕端。

吕琦一生从困苦中奋进而上，秉性刚直，为官恪尽职守；为人宽厚，知恩必报。对救命恩人赵玉如同亲父，其生病则尝药服侍；亡故则主丧安葬。视赵玉之子为己出，谆谆教导，使其努力学习并考取了进士功名。吕琦以自己的所作所为留名青史，并获得后世子孙敬爱效仿。

另一位名人是吕梦奇，乃后唐明宗长兴年间户部侍郎，生活于唐末、后梁、后唐时期，山东莱州市人。先祖为东莱吕氏一脉（昔日太公赴齐，吕国亲贵随往，东莱吕氏由此而生）。唐末在幽州任小吏，后梁失官，同友人于幽州大宁山结庐共处，以吟诵自娱。后唐庄宗同光年间再入仕途，出任幽州节度判官，并在天成元年（926）被后唐明宗拜为右谏议大夫，天成三年（928）擢升御史中丞。数载之内几度上迁，已引发同僚嫉妒。于是，在“怀疑昭义节度史毛璋谋反”一案审讯中，被诬受贿而有偏袒行为，因遭牢狱之灾。天成四年（929）免梦奇御史中丞之职降为太子右赞善大夫，后派往北京（今山西太原西南）任副留守。长兴三年（932）吕梦奇回朝任户部侍郎。

吕梦奇卒后归葬于故乡。膝下两子，吕龟图、吕龟祥皆进士出身，入仕为官于后周及宋。龟图之子吕蒙正，即北宋太宗朝名相；龟祥之孙吕夷简，为北宋仁宗宰相。可见梦奇一族人才辈出，光宗耀祖、国史有著，不负文学家、诗人苏轼在《送吕希道知和州》一诗中“君家联翩三将相”之盛赞。

吕氏家族于五代时期的第三位成功人士，即吕通之祖、后周户部侍郎吕咸休。吕咸休，字德祥，五代时期汲郡人。他年幼时便超群脱俗，有异于同龄孩童。稍有年长，则努力钻研学问，成为博通古今之学子。曾于后唐天成年间参与馆史修撰，是《懿祖·太祖纪年录》《庄宗实录》的编修，可知其不但精通史学，还擅长文辞。后唐末年，咸休任礼部侍郎，掌管礼乐。曾因文采出众而奉皇命为权力重臣安元信撰神道碑。后晋取代后唐之后，吕咸休仍居礼部郎中，并被认定为“才略之士”作为修《大晋政统》的合适人选。虽因有人反对而未得实施，但由此亦见其对典章、律令之熟悉及文笔之不凡。当后晋又被后汉取代之时，咸休在任给事中，看到贡差扰民，遂上言进谏，可见其忧国爱民之心和一身正气。后周取代后汉，后周太祖广顺元年（951），以给事中吕咸休为左散骑常侍。后周世宗显德年间任户部侍郎，掌管全国户籍、财赋等。显德初终于位，卒后赠右仆射。《旧五代史·周书》及墓志铭文中均未提及吕咸休任户部侍郎职于何时，志文则阐明其卒于世宗显德初年任上，故户部侍郎职当就任于广顺年间至显德初年。

五代之时的三位吕氏名人均官居侍郎，依定规，皇家需为侍郎开府建院，所以三位吕氏侍郎之府邸称谓“三院”。分别是：吕琦，后晋天福兵部侍郎院；吕梦奇，后唐长兴户部侍郎院；吕咸休，后周显德户部侍郎院。所以，吕咸休即是“三院吕氏”显德一院的开创者。

对于吕氏三院及其后世子孙，吕通墓志中特撰文描述为：“故国初衣冠间谓之三院吕氏，盖三人之兴同出揿燕卫之间，而操行名位又同也。然，天福之后至其子，一为吏部尚书，一为宰相、赠侍中、徐庆正惠公是也。长兴之后，至其孙且曾孙而为宰相者二人，文穆公、文靖公夷简是也。”而与蓝田北宋吕氏有直系血脉者，唯后周户部侍郎吕咸休所创显德院。

对显德院之血脉延续，吕通墓志亦有详细交代。吕珣乃吕通曾祖，唐任睦州长史，卒后赠太子少傅。祖父吕咸休，后周尚书户部侍郎，赠右仆射。父亲吕鹄，为太子中允，赠尚书司封员外郎。吕通，字推之，似为鹄之孤子，生于宋太祖乾德三年（965），虽父亲早逝，家境贫寒，然通少年有志、聪颖好学、刻苦自立，于宋太宗淳化二年（991）登甲科进士，时年仅二十六岁。初授河南府缑氏县尉，河南府为北宋京西北路隶下，缑氏县乃其下属，在今河南省洛阳市偃师区附近。县尉一职属正九品职事官，主要负责县府中羽弓手，以除奸禁暴。后因才华出众被推举而两度升迁。宋真宗即位，闻其名而召入武学士院，授通判西京留守司。通判，正八品，主管所辖地区兵民、钱谷、户口、赋役、狱讼听断之事。可否裁决，与守臣通签书施行。此时的吕通，正当年富力强才华彰显之际，一心想大有作为而实现生平抱负。无奈，天不遂人意，竟在三十七岁时因疾溘然长逝，留下满腔遗憾。

吕通其人不但智慧超群，娴精文学，而且性情坚毅，行事有度，慨然有自奋之志。当时宋太宗平定天下，求贤若渴，英才异人往往拔用。年满二十岁的吕通便独自游历京师，依附于族亲丞相文穆公吕蒙正、正惠公吕端门下，二人的章表笺疏多出自通之手。按现在说法，吕通在两人府中主要从事秘书工作并受到重视。吕端出使高丽国时亦邀请吕通随行。尽管朝夕出入高官府邸，但个人志向、言论并不因贫穷而自贱自卑。后来，监察御史张秉爱惜吕通才华志向，想要推荐他为官，通以书信婉言谢绝，信中曰：权贵之门确实是寒士们想要依附的，然而通过这条路径去求富贵，我不能做。如果您一定要这样，我二人便从此绝交不再往来。吕通的这番话越发令张秉敬佩有加，称之为奇人。当时著名学问家、宋太祖建隆二年甲科进士、太宗朝翰林学士宋白为知制诰，负草拟诏敕之责，官员及后生学子们皆争相前往拜见尚有不得见者，然，宋白看到吕通文章时，也不由称赞嗟叹，第二日即亲自造访其居所。从此，通之声名便大显于京师。

此一时尚有两位著名大才子，一曰孙何、一曰丁谓在后生学子中享有盛誉。孙何，字汉公，乃荆门知军孙镛长子。与其弟孙仅、孙侑合称“荆门三凤”。十岁识音律，十五岁撰写文章能引经据典，尤以文学、经史驰名，与当时著名学者丁谓齐名，史称“孙丁”。相传孙何、丁谓同时参加科举考试，孙何中头名状元，而丁谓榜列第四。丁谓颇有些不服气，宋太宗很幽默地说：甲乙丙丁嘛，既然姓丁，中第四名也不冤枉，有什么好怨的呢。孙何是个很有真知灼见的人，他的治国安邦理念颇受真宗赏识。

丁谓则是一个机敏智谋，多才多艺，天文地理、琴棋书画无不通晓的天才人物。年轻时曾与好友孙何一同以文章拜谒宋代著名文学家王禹偁，王看其文章大加称赞，认为自唐韩愈、柳宗元之后，二百年始有此作。而其机敏聪颖更得真宗喜爱，一次皇帝问道，唐朝的酒价是多少？谓脱口答道：每斗三百。皇帝很好奇地问他是怎么知道的，丁谓说：有杜甫诗为证，“速宜相就饮一斗，恰有三百青铜钱”。可见其机智敏捷确实出类拔萃。丁谓为官勤勉，有较强应对和处理突发事件的能力，也做过不少与民有益的好事。

孙何、丁谓之才华学识令众学子可望而不可及，唯吕通与之交好，太宗时一同应试于开封府。结果，孙何考第一，吕通第二（据吕通墓志载）。第二年春，太宗在崇政殿亲考天下士，吕通的文章选入优等，即将唱名时，文穆公吕蒙正替族弟吕通拜谢皇上，太宗顿生疑惑，以为蒙正有偏袒之心，故罢其功名且遣之。吕通并不自辩，径直退出。不一时，有大臣上奏，表通之才行殊异，皇帝方重新复召、赐第，犹居甲科。从此吕通步入仕途，任缑氏县尉期间，为官清廉、律法严明，使官不欺民而深得缑氏百姓称颂。后来升迁苏州（所任职官不详），恰逢大饥之年，吕通扶佐州太守一同谋划，招辑流民，复业者数千户，死者亦得以妥善安葬。朝廷派遣探访使以所见所闻如实上报，吕通得到皇上亲召面见和褒奖。一年之内在西京便三迁其官，可见人品能力之非同等闲。真宗时期欲征契丹，皇帝亲幸澶渊（古地名，在今河南省濮阳市西南）了解军备，并决定以河南府储备供应大军粮饷。使臣前来问讯时，府尹因病告假，吕通则代之奏明利害及使用之法。皇上阅读其奏章时颇为惊讶，问：作奏者谁？使者禀明作者为吕通，上即决定不拘一格启用之。将要任命之时，不幸染疾而终。嗟乎！所谓有才能者，怕不为上面所知；既为所知，又怕不能任用。然，吕通有才，且将用矣，却不幸英年早逝，才华抱负未能施展，莫非真是天命如此吗？卒后仅留下文集十卷于后世为念。

吕通墓志由朝散大夫、知陕州军府事、天水县开国子、赐紫金鱼袋赵良规撰文，孙承奉郎、守秘书省著作佐郎吕大防手书于石上。赵良规为吕蕡挚友，曾详阅其家谱，嫡孙吕大防对家族渊源谱系更是深有研究，故所记内容应真实可靠。

清明一片君子心

吕通逝后，留下两子，长子吕英、次子吕蕡。吕蕡大器晚成，乃汲郡吕氏渭水堂一脉的开创者。长子吕英，字德华，少年丧父，性情沉默仁厚，少言寡语，但处事却果断有主见，平日里读书非常用功，一心要学有所成考取进士，终于在宋仁宗天圣八年（1030）三十六岁时登进士第。初仕京兆府蓝田县主簿，北宋之时蓝田县归永兴军路京兆府隶下，县主簿为正九品职事官，主管县内官物出纳、记账销注等事。任职期满后又授邠州三水县尉，再迁蓬州良山县令。蓬州良山县北宋属利州路蓬州隶下，今乃四川省仪陇县。良山县令为从八品职事官，掌县内一切政务。当时，蓬州郡守为官严刻，下属稍有过失必究不怠，唯对吕英十分包容，并向朝廷好言相荐。不久，吕英请假丁母亲之忧，丧期满后，又任权汝州团练判官。北宋汝州在今河南省汝州市附近，属京西北路隶下，“权”指：凡朝臣出任地方官职，号权知。故，权汝州团练判官是吕英以朝官身份出任的地方官，此官仍为从八品职事官，掌管州内案件文档等等。在任期间恰遇灾年，吕英自掏腰包宴请州内富豪，请他们出粮赈灾，由于措施得当，灾民得救者甚多。在汝州为官期间，有一巨匪名张海，劫掠于河南邓州一带，郡府因畏惧匪患而只求自保，汝州郏城一带百姓流离失所，官员们多称病在家不愿主事。见此情景，吕英愤然说：“吾从事於州郏，民亦吾民，安忍坐视遗豺虎也！吾往且护焉。”于是主动请命前往，由于他的慨然正气，贼人竟不敢至。任满将迁，知州惜其才而请求升迁吕英为京官，此时有好心人劝他贿赂相关部门以达目的，吕英正言以对：进退得失凭能力人品，我不想用这种方式谋取官职！结果，升迁一事就此搁置。

四年后，由人推荐，吕英在宋仁宗皇佑二年（1050）改任著作佐郎。著作佐郎属秘书省隶下官员，居著作郎之下，负责协助著作郎撰拟文字，为正八品职事官，同时监杭州浙江税。杭州，北宋属两浙路隶下，今为浙江省杭州市。而文中所云之“浙江”乃北宋河流名称，现名为钱塘江。所以吕英要负责的是杭州境内钱塘江上之税务。然而天不遂人愿，在赴任途中突患疾病不治身亡，享年五十六岁。嘉祐六年（1061），也就是死后十一年，才归葬于骊山西塬吕氏入陕的第一座祖茔中。

吕英一生疏淡名利，行事坚定而有始有终。作为地方官吏，多以平缓令人容易接受的方式处理政务，虽然没有轰轰烈烈的业绩，但他调任之时，百姓们沿街相送，思其功德莫不为之感泣，以至于道路拥堵数日而不能行。为官如此深得民意，也不枉他一生贤德为民谋利之初衷。

吕英享年虽不算长久，但子嗣并不缺少，逝后留有三子，分别为大圭、大章、大雅（曾用名：大年）。大圭有嫡子信山，信山有嫡子尚修；大章早亡无子，有女二人；大雅有嫡子二人，长为仲山，有嫡子三人，分别是：允修、简修、礼修。次子孝山，成人后过继给叔父吕大临，更名省山，从此继其一脉香火。

在此值得一提的是吕英结发妻子王氏，这是一位出身官宦世家、书香门第，坚强勇敢且见识不凡的女子。年幼父亲早亡，母亲与她生活在外公家，年方二十二岁嫁给吕英为妻。当时的吕英考中进士后受聘于京城做事，收入不丰而家境甚是贫寒，王氏夫人对此并不为意，一心相夫教子、管理家务，为吕英解除后顾之忧。后来，丈夫突然病故于赴任途中，当时三个孩子都年幼，孤儿寡母既无权势又无银钱，夫人毅然变卖自己的首饰为夫君料理后事并扶灵柩乘舟而归。起初舟子们欺负王夫人母子羸弱无依，日益懈怠而不从号令，面对这种局面，夫人并未退缩，而是大声喝呼斥责曰：船是我雇的，你们这些人理当为我所用，如再有不听号令者，必定送官加以惩治！经过这一番较量后，舟子们心中明白，这位夫人虽然年轻却有主意、有勇气，从此唯命是从，再不敢小看于她。

图 103　青釉仿古瓷簋

当年，吕英在汝州为官时，曾置办田地于郏城，准备定居于此。王夫人遵从夫君遗愿，在叔侄等亲友的帮助下，营建房屋、定居于此。夫人勤俭明智，善于治家，在她亲力亲为的经营中，家境日趋好转，几个儿子由于受到正确而严格的教育，个个人品出众并成家立业。特别是长子吕大圭，以孝友之行闻于乡。元祐二年（1087）王夫人七十九岁时，被皇上亲封为永寿县太君并赐以凤冠霞帔。六年后（1093）的正月二十三日，以疾卒于家，寿八十五，于其年十一月十日祔葬于京兆蓝田太尉原之祖茔。

所以，在9号墓吕英夫妇墓葬的发掘中，王夫人棺椁右侧安置着一件特意定做的青釉仿古瓷簋（图103），其内便存储着阔别她四十一年的夫君骨灰。在二人阴阳相隔的四十余年中，王氏为吕英建立家宅、拓展田地、聚拢财富、教育子女，用一颗矢志不渝的心，完成了她对吕家及夫君、子女的挚爱与责任，终于可含笑于九泉之下与相望相守的丈夫永不分离了。

侄子吕大防幼年曾跟随伯父吕英学习，王夫人对他如同亲生儿子，夫人归葬于蓝田太尉原祖茔，大防亲自为其撰书墓志铭文，其字里行间无不渗透着款款深情。而这方墓志铭文与吕通墓志铭文一起成为了当今难能可贵的吕大防亲书遗珍。

宦海荣辱终有悟

吕蕡一脉人丁旺盛，共育六子。长子大忠有嫡子锡山，锡山有子清孙（志文记时尚幼，仅有乳名）；次子吕大防有嫡子景山，景山嫡子为修，为修嫡子宽仁（广东东林吕氏先祖）；三子大钧有嫡子义山，义山有嫡子二人德修、辅修（早逝无子），德修有嫡子三人分别是：安仁、永仁、居仁；四子大受初婚即亡，无子嗣；五子大临无亲生子，过堂弟大雅第二子孝山为继子，更名省山，省山之后不详；六子大观有嫡子至山，至山嫡子名世修。由此知，吕通乃蓝田北宋吕氏葬于太尉原祖茔之第一代；第二代是吕英、吕蕡；第三代“大”字辈共九人，按年龄长幼排序为：吕大忠、吕大防、吕大钧、吕大圭、吕大章、吕大受、吕大临、吕大观、吕大雅；第四代为“山”字辈，共七人，分别是：信山、仲山、锡山、景山、义山、省山、至山；此七人年龄长幼不明，从墓志记载中似显示景山最年长，其次为仲山，第三是信山，此后排序应为义山、锡山、省山、至山；第五代“修”字辈人除省山之后不详外，有记者九人：尚修、允修、简修、礼修、清孙、为修、德修、辅修、世修；第六代“仁”字辈所载不全，仅知：宽仁、安仁、永仁、居仁四位。

综上文，将考古证据与文献资料融合便可排列出吕氏家族自起源至北宋中晚期定居于蓝田的吕氏一脉香火繁衍脉络。为方便读者及吕氏后人阅读，现将血脉相传谱系列表附于其后（图104）。

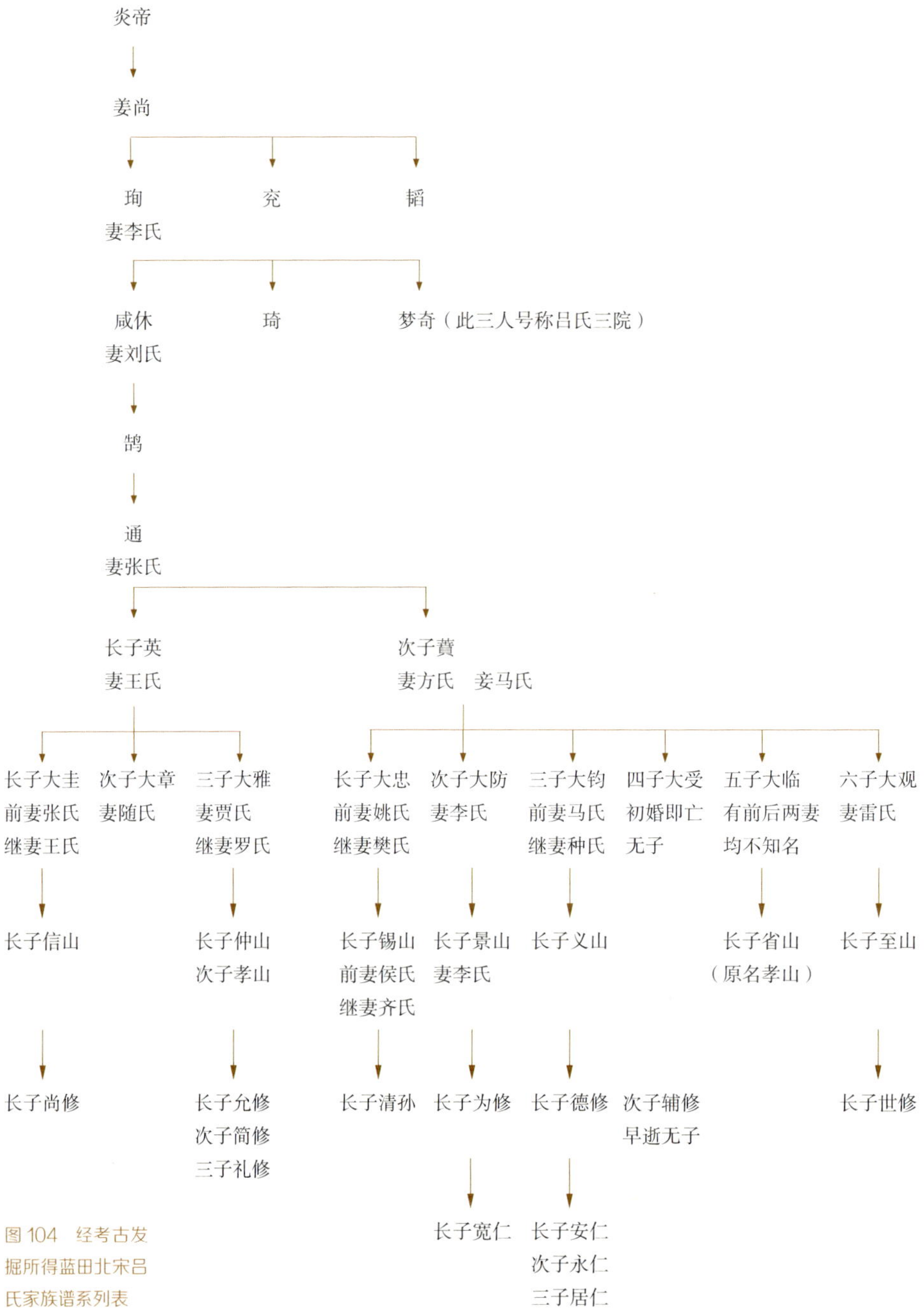

图 104　经考古发掘所得蓝田北宋吕氏家族谱系列表

其实，之所以在此详细排列与考证说明其家族发展脉络及人物，是因为每一代人的每一个人都有着自己平凡而又不平常的人生故事，这也是本章要讲述的主要内容。正如赵良规为吕通作墓志铭文所云：“故国初衣冠间谓之三院吕氏，盖三人之兴同出拎燕卫之间，而操行名位又同也。然，天福之后至其子，一为吏部尚书，一为宰相、赠侍中、徐庆、正惠公是也。长兴之后，至其孙且曾孙而为宰相者二人，文穆公、文靖公夷简是也。独显德之后尚未大振，公又抱才不及施而殁，论者颇以三吕始同而后异。以予观之，著佐殿中固已仕宦有声搢绅，而诸孙烨然，皆以文章才德自进，关西号多豪杰，至语士族则莫敢与吕氏为比。公虽独不自享其报，孰知不在其后人也哉！”这段文字通俗讲：五代时期吕氏三院同时崛起于燕卫地区，其操守德行一致，于士族中颇具盛名。此后，吕琦的天福兵部侍郎院中人才辈出，其长子吕馀庆，曾任宋朝副宰相；次子吕端任宋太宗朝宰相，谥号正惠公。而吕梦奇的长兴户部侍郎院中有孙吕蒙正为北宋太宗朝名相，谥号文穆公；曾孙吕夷简，北宋仁宗宰相，谥号文靖公。前二院后人皆有子孙入相为国之栋梁，唯吕咸休的显德户部侍郎院后人尚未大振，吕通公虽才华横溢，可惜早逝而不能大展宏图。依我看，您之孙辈皆以文章才德著称，在士大夫阶层里声名显赫。所以，虽然吕公您未曾高居仕途之首，又怎知这夙愿不在后人身上得以实现呢！

这一预言后来真的成为现实，显德一院继前两院之后，又一子孙出任宰相，成就了“大”字辈的一代风流人物。

这位出类拔萃的人就是吕大防。吕大防，字微仲，是吕蕡的第二子，《宋史·吕大防传》中对其评价是：“大防重厚”。他与刘挚、苏颂三人共同辅佐于太后听政时期，是实现宋哲宗元佑之治的重臣，乃有宋一朝的著名政治家、书法家、金石学家。

大防自小谨慎稳重，年幼时伯父吕英在陕为官，便从其而学。后吕英调任河南，大防依旧随同前往，在吕英谆谆教导下，品学俱佳，于宋仁宗皇祐元年（1049）进士及第，步入仕途，曾任冯翊主薄、永寿县令。永寿在关中地区偏西处的渭北高原上，县城内无井，百姓饮用水须长途跋涉至山涧中汲取，造成诸多不便与困难。大防即任县令后在县城周边四处考查，终于寻得两处泉眼，欲将其导入城内，但因地势高低不平，众人以为无成功之理。大防用《考工》中水地置泉之法进行测量施工，十天之后果然修成引水渠道，为百姓解决了水源匮乏之苦，人们为感念大防之功德，称此渠为“吕公泉”。此后，大防升任著作佐郎，知青城县（即主持管理青城县政务）。以前，卿、大夫、士供祭祀用的田地称作圭田，贵族们圭田的粮食用大斗收进而用公斗放出，从中获取盈利，百姓虽然深受其苦却不敢上诉。大防知青州后，开始统一粟米出入的量具，使粟米出入数量相等。此事辗转传入宫中，皇帝下诏立法禁止官员的不法行为，大防亦因此得到好评。青城县下辖的汶川与敌区相接，吕大防占领要地秘密设防巡逻，并禁止上山砍柴采摘，使屏障更为严密。当时镇守蜀州的韩绛（宋仁宗时入仕，历英宗、神宗、哲宗四朝，北宋名臣），称大防有辅佐帝王创业治国之才。

英宗即位后，大防迁太常博士、监察御史里行（此官职隶属御史台察院，若资历尚浅者任监察御史则加“里行”），主管监察百官、纠正刑狱、整肃朝仪等事务。宋英宗乃濮安懿王赵允让之子赵曙，因仁宗无嗣而得以继承大统。英宗执政第二年诏议崇奉生父濮王典礼，侍御史吕海、范纯仁、吕大防等力主仁宗为皇考，濮王为皇伯，而中书韩琦、欧阳修等则主张称濮王为皇考，这场议论整整持续了十八个月，最终英宗决定立生父为皇考，并贬吕诲、吕大防、范纯仁外任，这就是宋史上有名的“濮议”之争。

宋神宗即位，大防任淄州通判，以其谋略才华逐渐升迁，至元丰年间进直学士，后任成都府知府。大防不但才干出众，而且相貌堂堂，身高七尺，眉目清秀，神采飞扬，声音如钟。且天性沉稳端肃，经闹市不左顾右盼，闲居亦若面对宾客般庄重。每当朝会则威仪严整，姿态端好。神宗皇帝对此极为欣赏，常以目送其离朝后方归。

哲宗称帝，召大防为翰林学士、暂理开封府尹。元祐元年授尚书右丞，封汲郡公。元祐三年（1088），宰相吕公著年老告退，大防被提拔为尚书左仆射兼门下侍郎，掌管修撰《神宗实录》。于宰相位上，大防始终保持正直不阿的天性，在官员任免方面不许任何人以私情求他，自己也不以恩惠讨好别人，更不把怨恨转嫁给其他人而求取声誉，虽位高权重官居一品，初衷却从未改变。元祐八年（1093），因遭人陷害被削去学士，任随州知州，又以主编《神宗实录》直书其事为诋毁，被贬安州。不久，大防兄长大忠自渭州入宫面见皇上回答其提出的问题，哲宗询问大防是否安好，并说：宰相欲将大防贬到岭南，朕只想让他到安陆去，替朕传话问候他。大防为人正直、朴实，被人出卖，待二三年后就可以再相见了。大忠将哲宗一番话不意间泄露给章惇（哲宗元佑八年宰相），章惇惧怕从而加大力度制裁大防，于绍圣四年（1097）贬其为舒州团练副使，流放途中病死于虔州信丰，终年七十一岁。大忠请归葬，许之。（此段文字为《宋史・吕大防传》中的真实记载内容）

从《宋史・吕大防传》的记载中不难看出，大防是个有能力、有志向、有担当、为官清正、为人质朴的人。初入仕途之时，便同兄弟们一起重修家谱、正本清源；官运步步登高之际，又谨遵父命与兄弟共建吕氏太尉原祖茔；元祐年间仕途鼎盛之期，则重建家庙、光宗耀祖。然，若干年后，这个由大防参与规划与众兄实施的、置备齐整的墓园中，却独有大防未能与亲人们团聚于黄泉之下，仅留下黄土一捧、空穴一座。虽然世态确实无常，可造化又何须如此弄人！最终那缕孤魂怨魄于浩瀚天地之间又将去往何处方得安息？

为解开这空穴之秘，考古队又一次专程拜访了乔村的吕氏后裔，当说明缘由后，村主任吕晓益非常肯定地说：吕大防墓是空穴就对了！小时候听老人说，家谱记载祖茔内吕大防墓是衣冠冢。后来家谱在“文革”中被毁，这个说法就成了传说。20世纪80年代，忽然有一个来自广东省澄海县东林村名叫吕崇贤的农民，带着县里开具的证明信，怀揣家谱、脚穿草鞋、身背干粮、辗转跋涉数千里找到蓝田乔村，自称为吕大防长子吕景山后裔，为寻根而来，现定居之东林村尚遗留宋代吕氏祠堂遗址。村东南石鼓山东麓有大片吕氏墓园，居首位者即吕大防墓葬。今存吕氏族人，皆奉吕大防嫡长子吕景山为先祖。吕崇贤还说，正是家谱中“吕氏渭水堂”的记载坚定了他克服困难千里寻祖的决心，并在此信念的引导下终于找到陕西蓝田乔村吕大防的故乡。从此时隔千年、地处南北的两群吕氏后人终于握手相认。所以，你们通过考古发掘证明的吕大防墓为空穴的事实正与家谱记载吻合，同时也进一步印证了吕崇贤所说无误。

乔村之行受益匪浅，不但解开了吕大防空穴之谜，还了解到他的真实墓葬所在地。本着求实的原则，2013年12月17日至24日考古队就吕大防流放路线及安葬地点做了为期八天的考古调查，由于时间关系，只能借助现代交通工具对重点地区进行了解走访与踏查。

《宋史》记载吕大防卒于虔州（今江西省赣州市）信丰大庾岭（又称梅岭）下，故大庾岭古驿道、大梅关是本次调查的第一步。在江西省考古研究所文物科甄学勇科长带领下，我们到达了赣州市大余县境内梅关驿道北端口。该山口乃自北向南翻越梅岭出大梅关进入岭

图 105　大梅关关楼遗址

南的唯一途径。一行人沿驿道过接岭桥蜿蜒向上，途经梅岭驿馆后直至大梅关关楼所在（图105）。

大庾岭，又名梅岭，位于江西省大余县与广东省南雄市交界处，北距大余县城10千米。相传战国时期中原混战，大批越人迁往岭南，其中一支以梅绢为首的越人翻山越岭来到大庾岭上，被岭南风光与丰富物产所吸引而定居于此。他们带来的先进生产力，为岭南开发作出了突出贡献，后人为纪念这位越人首领而将大庾岭命名梅岭。另一说法则因岭上多梅树故曰梅岭。汉武帝元鼎五年（前112），庾胜将军随楼船将军杨朴平抚南越国后奉命与其弟统兵筑城岭北、戍边南疆。因其排行为大，故名大庾。庾胜卒后，当地百姓为念其功德，将所筑之城称大庾城，驻兵之地为大庾（即今大余县），戍边之处的梅岭亦谓大庾岭（图106）。

图 106 梅岭全貌

←图 107　梅岭古驿道

➡图 108　接岭桥

梅关驿道始修于秦，从梅岭之上向南北两端曲折而下，北接江西漳水，南连广东浈水，是沟通长江和珠江的陆路纽带。秦统一中国后，北方广筑长城防御外敌；南方则开关道、兴岭南、发展经济。公元前213年，秦在五岭开山道筑三关，打开沟通南北的三条孔道，故云梅关驿道始通于秦汉。唐玄宗开元四年（716），宰相张九龄途经梅岭，见其山路险峻难以通行而向玄宗谏言开凿梅岭。此后，在张九龄主持下，历经艰辛终于扩展开通了梅岭驿道。当地百姓为纪念其功德与张夫人对夫君的大力支持，特于道旁建六祖庙与夫人庙，以示感谢。驿道筑就后，成为沟通南北的重要通道。明代，又在原基础上修缮加固，如今所见古驿道即为明代孝宗弘治年间修补后原貌。道宽约6米，由鹅卵石平整铺砌而成，道边芳草灌木丛生、两侧山崖树林叠翠葱茏（图107）。

接岭桥是古驿道上重要桥梁，始建于唐开元四年（716）古驿道开凿之时，坐落在地势险峻、水流湍急的溪水之上。明代弘治年间重新维修，现所见乃明代重建后形制，为单孔石拱廊桥，麻条石铺砌而成，桥上覆盖瓦棚，长8.5米、宽3.65米。现桥顶瓦棚已失，仅余两侧条石上柱洞遗迹（图108）。

梅岭驿馆又称大庾驿，营造时间未见确切记载，应始于唐。故址在梅岭北，是来往官员息宿及政令军情传递、书信往来换乘换车处所。明《大庾县志》云，“大庾岭下，旧有馆驿，庭院甚整，知府赵孟匾曰：‘梅花国’，盖自此而上，岭曲皆梅，故名”。明、清之时驿馆挪于大庾县城内。1991年大余县政府在接岭桥东、梅岭脚下古下马坪旧址重建梅岭驿馆，新建馆驿所在地并非唐宋原址。北宋吕大防贬官岭南必经此地，据吕氏族人述说，时因山路陡峭狭窄曾夜宿驿馆，天亮后弃车改马驮肩挑行李徒步过关。

大梅关位于山巅，从汉至唐，梅岭有道而无关，北宋仁宗嘉佑八年（1063），于山顶建关楼，从此梅关正式得名。早在秦统一天下之后，便于五岭上开山道筑三关，名曰：横浦关、阳山关、湟鸡谷关。梅岭所设即为横浦关或曰秦关，后来毁于战乱，现遗迹位于今雄余公路上。为了区别秦关与宋关，当地称秦关为小梅关，宋关则谓大梅关。大梅关关楼位于梅岭顶端两峭壁之间，以一关隔断南北天的气势，耸立于梅岭分水界上，北为江西省，南属广东省，故有“一步跨两省”之说。大庾县志载：“江西提刑权知南安军蔡挺立梅关，以分江广之界。”因关隘扼南北通道之咽喉且地势险要，古往今来多有争战，梅关关楼亦是累损累修，南雄历代州、县均有维修关楼之记载。如今所见残缺关楼乃明万历二十九年（1601）重筑，原分两层，上层木质结构现已坍塌不存，下层乃拱形关门，敦实浑厚。门洞深5.5米、内宽3.5米，关门有重叠数层，现洞壁尚留有闸门缝道和闩门洞眼。门

图 109　梅关古驿道全线图

楼残高约3.5米。南、北两侧均有石匾，北面刊刻“岭南第一关”五个大字，乃明万历南雄知府蒋杰书；南面阴刻“南粤雄关”四个大字，关门两侧有联曰：“梅止行人渴，关防暴客来”。民国《大余县志》绘有梅岭古道全图（图109）。

梅关自古以来便是兵家必争之地，关隘南北皆为古战场，现代史上陈毅、项英等共产党人曾在此坚持游击战争，陈毅著名诗篇《梅岭三章》即彼时作于此地。

南来北往过客，出入梅关便将面对另一方天地。想那些唐宋之际被贬官吏，身负罪责，一步步远离故乡热土、亲人友朋，一步步走入异域他乡、生僻陌路，更加归途无期，前景莫测，心中的彷徨、凄苦、哀怨甚至绝望之情也会自然而然应景而生。

那是宋哲宗绍圣四年（1097），已过古稀的吕大防，自元祐末年调离宰相之位后，历经四年的贬官降职、颠沛流离，最终被派任舒州（今安徽省安庆市），担任团练副使。团练副使是从八品散官，对于曾居一品的大防来说，可谓一撸到底了。但这样仍不能使当权者放心，还要将他安置在遥远荒僻的岭南循州（今广东惠州一带）居住方肯罢手。于是，吕大防在独子景山和最疼爱的孙女吕嫣的陪同下，又一次开始了长途跋涉。他们由长江乘船走水路再转入赣江，经一番水上颠簸后于江西赣州（北宋虔州）弃舟登陆，沿着通向大庾岭方向的官道徐徐南进。这是一条唐宋时期沟通南北的主要官方驿道，途间设有驿站，供官员使用，政令传递、官员调迁、商贸往来等皆从此行。大防一众因有女眷而行之较缓，到达大庾岭下，仰望驿道陡峭狭窄，随行车马不能攀登，只得改为肩挑行李徒步蜿蜒而上。如今想来，当他们通过大梅关隘，岭南的湿热之气扑面而来的时候，面对关山重重、林海无际、鸟兽聚集、人迹罕至的陌生世界，定然是人生百味俱涌心头，感慨叹息难以自制。

驻足峰顶，望着这岭南的一方天地，吕大防百感交集，风拂动着他的满头银发，衣衫的下摆也随之飘起。吮吸着湿润的空气，脑海中掠过繁华的京都街市、富丽的楼台亭阁、威严端肃的皇家殿堂，还有那家乡的蓝天白云、绿色原野以及自家庄园里温馨的庭院屋舍，这些几十年来他十分熟悉的场景在有生之年恐怕再也不能见到了，因为流放途中皇上的一纸诏书冷酷地杜绝了他所有期盼回归的路。诏书命其不得诏准永不许还京。也许若干年后，也许朝堂更替可使诏命有解，但此时的吕大防已是七十一岁的老人，他的人生如那即将隐没的落日，还有几多时光可以等待呢？默默地走在下山的路上、默默地穿过茂密的树林、依然默默地沿着那条伸向远方的石子路脚步沉重地前行，而他的心中却宛如大海一般翻腾着巨浪，是蒙受不白之冤的委屈？还是昭雪无期的不甘？时至今日，这一切皆已成为不解之谜，伴随着他的一具白骨永埋地下。

大梅关之东现属江西省赣州市信丰县，《宋史·吕大防传》云："绍圣四年，遂贬舒州团练副使，安置循州。至虔州信丰而病，语其子景山曰：'吾不复南矣！吾死汝归，吕氏尚有遗种。'遂薨，年七十一"。书中对大防死亡地点描述不够具体，而据信丰旧县志记载：大防卒于信丰南山寺，旧有墓在南山寺右。吕氏家谱亦有同样说法。所以寻访南山寺及寺右墓葬也是本次调查的重要内容之一。因此，结束大庾岭古驿道及大梅关调查之后，我等一行即沿江西大余县至信丰县古道赶赴信丰，寻找南山寺故址及吕大防临时葬处。

大约两小时车程便到达了信丰县城圣塔广场的信丰县博物馆所在地，说明来意后，受到博物馆张副馆长热情接待。因近年来博物馆人员变动较大，一些陈旧信息资料尚未整理就绪。张馆长几经辗转方联系到已退休老职工，据她讲述：南山寺位于大庾岭之南麓、现城东北南山公园内，因房舍破败，近年寺中僧人募资重修大殿而其余故址仍为废墟伫立于大殿周围。20世纪50年代文管部门曾做调查，南山寺东侧距现大殿约百米处确有吕大防墓一座，并有墓上石碑为证。此处原属寺院所有，新中国成立后改为耕地。20世纪80年代这片土地被县人民医院征用并建成职工家属住宅楼群，吕大防墓在基建时被破坏，现已无迹可查。

了解情况后离开博物馆，立即赶往南山寺。见到的南山古寺果然是旧貌换新颜，山门、大殿一片崭新，寺中僧人已浑然不知往事，只有大殿西侧尚依稀可见其昔日的残垣断壁（图110）。吕大防暂葬处现已高楼林立、故址难觅，只留得一声叹息。

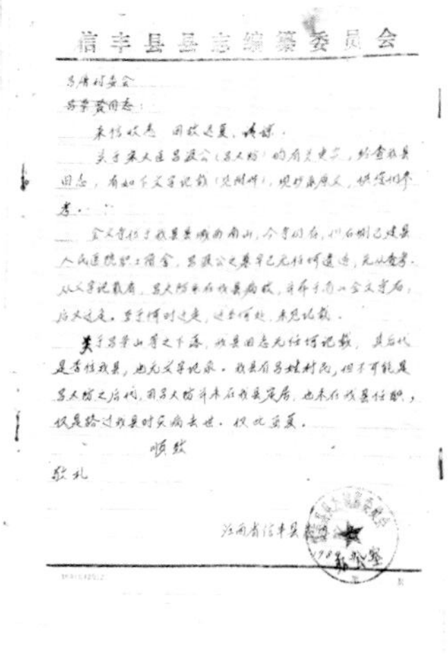
信丰县县志编纂委员会

吕厝村委会
吕崇贤同志：

来信收悉，因故迟复，请谅。

关于宋大臣吕汲公（吕大防）的有关史实，经查我县旧志，有如下文字记载（见附件），现抄录原文，供你们参考：

金文寺位于我县县城西南山，今寺仍存，但右侧已建县人民医院职工宿舍，吕汲公之墓早已无任何遗迹，无从查考。从文字记载看，吕大防系在我县病故，并葬于南山金文寺右，后又迁走，至于何时迁走，迁往何处，未见记载。

关于吕景山等之下落，我县旧志无任何记载，其后代是否住我县，也无文字记录。我县有吕姓村民，但不可能是吕大防之后代，因吕大防并未在我县定居，也未在我县任职，仅是路过我县时突病去世。特此函复。

顺致
敬礼

江西省信丰县

图 111　信丰县志办信件

前文提到，信丰县旧县志中对吕大防死亡地点、厝埋处均有记载，这些信息来源于志中收录的黄文谢作吕汲公论一篇文章，其开篇则云：“吕汲公相母后垂蓁，成元佑之治竟以窜逐，旅死于信丰之南山寺，旧有墓在南山寺右，固其渴葬之地，今犹在也。”1989年，澄海县东林村吕氏后裔吕崇贤曾写信给时属江西省所辖之信丰县县志编纂委员会，询问南山寺及吕大防是否殁于该处并暂葬寺侧之事。信丰县县志编纂委员会办公室明确回复：“金文寺（古曰南山寺）位于我县县城西南山，今寺仍存，但右侧已建县人民医院职工宿舍，吕汲公之墓早已无任何遗迹，无从查考。从文字记载看，吕大防系在我县病故，并葬于南山金文寺右，后又迁走，至于何时迁走、迁往何处，未见记载。”（图111）

旧县志及20世纪80年代末县志办回复信函与县博物馆工作人员提供信息三者内容完全吻合，从而证实，吕大防确卒于南山寺，死后暂埋于寺右侧，后又迁葬他处，故迁葬之说亦为事实。而葬埋地点曾保留良久，最终于20世纪80年代建设县医院家属楼时彻底损毁。通过本次调查也可确定，南山寺所处位置与县志记载相符，在大庾岭南麓山脚下，乃翻越梅岭出大梅关后东行约74千米之古驿道左侧。该寺后更名金文寺，近年重修后复古名仍称南山寺。

公元1097年吕大防南出梅关时，尽管岭南山青水碧、尽管岭南天蓝林翠、尽管岭南万物一派生机，但在他的眼中却只是灰暗与凄凉，因为心的原野上已一片荒芜。于是，经过数日的沉默，他终于下定了决心。那是一个

图 110　南山寺后旧址遗迹

美丽的傍晚，落日的余辉将大庾岭染得一片嫣红，一行人落宿在驿道旁的南山寺中，大防将陪伴和照顾他一路走来的吕景山叫到身边，充满慈爱的目光久久注视着这唯一的儿子不愿移开，以平缓而坚定的语气说：“吾不复南矣！吾死汝归，吕氏尚有遗种。”言毕，便纵饮而亡。所以梅关至南山寺的区区百里之遥，竟是吕大防走尽人生的最后旅程，不同的是，这段路走得沉重而充满辛酸。

明代吕氏族谱曾抄录南宋赵鼎致其子赵汾的书信一段，原文曰，“吕微仲贤相謫岭，唯一子曰景山，爱之不令同行，而景山坚欲前去，将过岭吕顾其子曰：汝何罪？但死瘴乡耶，我不若先死，犹有后也。吕遂纵饮而死。吾不欲令汝侍，仲意也”。赵鼎，曾任南宋高宗绍兴年间宰相，流放岭南时手书于子，以北宋宰相吕微仲（讳大防）流放循州途过梅岭后因不忍见爱子景山客死瘴乡而自尽的旧事说教儿子赵汾免于同行，以保赵氏血脉。南宋绍兴年间与北宋绍圣年间相差四五十年左右，该手书记载应真实可信。由此知，大防乃纵酒而亡，死因是爱子心切，不忍其葬身瘴气横生的岭南荒蛮之地，此说法与《宋史》所载病故有出入。笔者认为，大防死因真相当以赵鼎书云为准才更加入情入理。

据现定居广东的吕大防后裔讲，大庾岭下变故使景山深陷困境，扶灵柩归故乡自是情理，但未得诏准又怎敢成行！无奈下只能暂时葬埋父亲遗体于南山寺，而孤身前往循州报丧。也许是林密草荒路途难辨，在三岔路口上走错方向；也许是心灰意冷看破红尘，欲寻那南海之滨吕氏先祖洞宾修炼之地“仙门楼”所在吧（吕氏家谱如此记述）。总之，阴差阳错使吕景山来到潮州澄海东林村，面对茫茫大海已东去无路，又见此处碧水蓝天美丽宁静，远离人世的喧嚣和阴谋，便决意将父亲遗体由南山寺迁至村旁石鼓山安葬，自己则隐居东林村

图 112　吕文峰画像

丁忧并以教授乡里子弟课业为生。此后，景山后人在广东繁衍生息，吕景山即是广东东林吕氏之开基始祖。

虽然吕氏后人与吕氏家谱对吕大防葬身处均有明确说法和记载，但本着科学求实的理念，尚需经过实地考察核实方能确定。所以，这次考古调查的最终目的就是确认吕大防墓的真实性和具体位置。故南山寺考察之后，下一步要去的就是东林村吕大防墓。

当朝阳升起的时候，我们在吕氏宗亲会副会长吕在希先生和潮州吕氏宗亲会副会长吕德荣等人带领下，来到澄海县东林村旁的石鼓山吕大防墓地。石鼓山，亦称水吼山，位于东林村南，面向南海，虽山势不高却敦实浑厚，与屹立海水中之金钟山相互对应，有金钟对石鼓之说。吕大防墓葬则位于石鼓山东面近顶处。据东林村原党支部书记、墓葬守护人、20世纪80年代曾亲身前往陕西蓝田乔村寻根认祖的吕崇贤老先生讲：北宋吕景山为父所建墓葬已形制不清，因南宋高宗绍兴元年（1131）为吕大防彻底平反昭雪并追封宜国公、赐谥号正愍，故而墓葬外观恐有修缮，墓前亦设石碑楼及石阶梯神道。南宋末，毁于元兵。明代中期，河南按察、奉直大夫吕氏大防子孙吕文峰（图112）衣锦还乡时捐资重修大防墓，现保存形制及碑刻均为明代所留。重修之墓葬依南方习俗为地上冢，坐西向东，周围及顶面皆由长方形砂石包砌，东面为正，置有祭台，台上正中立石刻对开墓门，门楣上錾刻“二世祖”三字（大防父吕蕡被奉为一世祖）。墓冢左右及后侧形如半圆，顶部微拱近平，墓前有平坦空地供人祭祀礼拜（图113），并有石质台阶直通山下海边，道旁亦排列石相生。如今因海水上涨，台阶、石刻均淹没，仅有后山小路可达墓地。吕氏家谱记

图 113 吕大防墓

图 114 吕大防墓前祭祀众人

载，每年十二月二十日为祭祖正日，本次调查凑巧遇上。祭祀仪式非常隆重，众子孙纷纷从汕头、潮州、深圳、陆丰、海丰等地派代表前来祭拜，墓前人头攒动，场面壮观（图114）。

吕大防墓之后，整座山峦坟茔密布，皆为东林吕氏后人葬所。墓前碑刻或有或无，但排列有序，总体算来这座祖茔使用时间应在北宋至民国年间。

吕大防及吕景山南下途中均带有眷属同行，随行夫人身份应属偏房。按规矩，正室夫人须留在长安或蓝田府邸主持内务。因南宋传下的东林吕氏族谱内有嫡、庶之别，故推测：大防身故，景山流落东林后曾育有后代。北宋灭亡，景山嫡子吕为修也到东林居住，从而形成嫡、庶之分。

吕大防一生性情稳重敦厚，进士及第后自地方小吏做起，为官清明有爱民之心，凭借自身德行、能力，一步步登上位高权重的宰相之职。执政间正直公道，政绩显著，辅助哲宗实现元祐之治，被誉为贤相，宋史有传，可谓人生辉煌。只是末年凄苦，令人感叹。

根据史书所载吕大防流放路线及本次调查与沿途古道走访，现绘制吕大防流放路线图，图中以红线标出为陆路，以蓝线标出则属水路，这条贯穿南北的交通线应是唐、宋时期长安至南海主要通道之一，其中赣州到南雄的古驿道属海上丝绸之路的陆路部分（图115）。

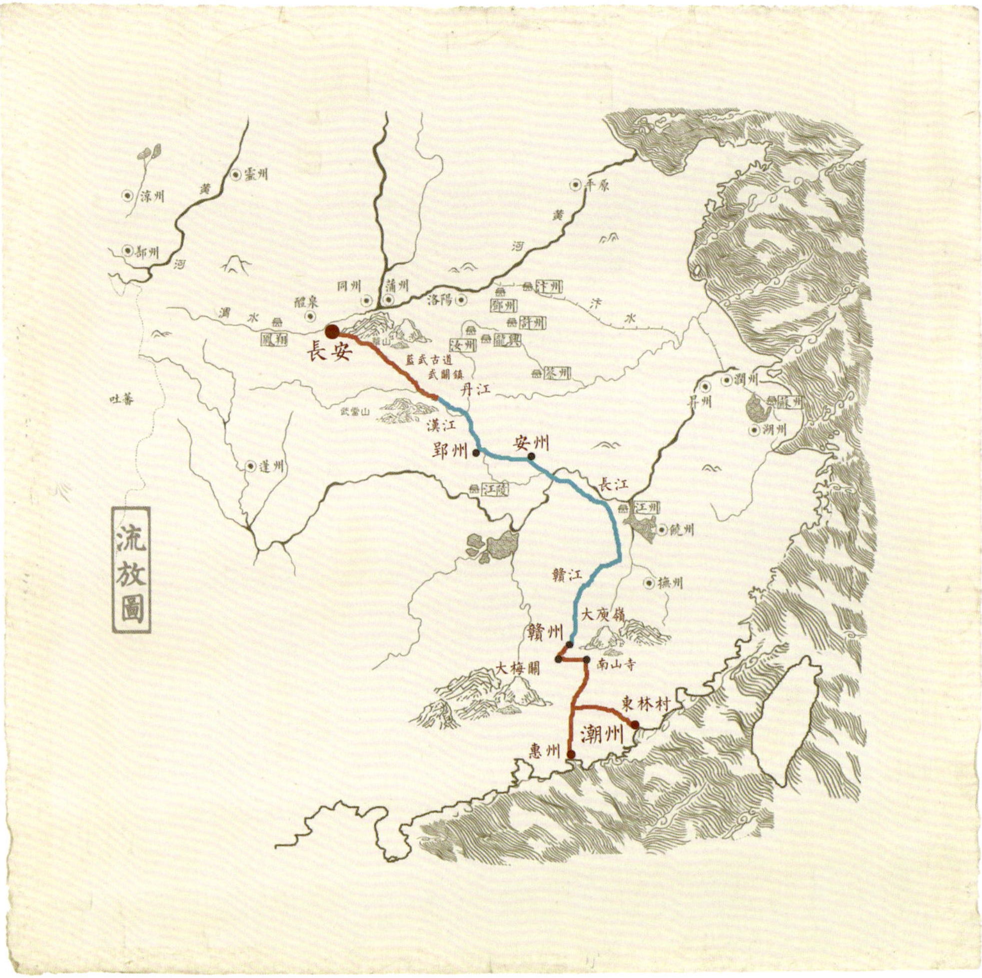

图 115　吕大防流放路线示意图

患难更显手足情

吕大防的贬官流放之途长达四年有余。期间，唯有“大”字辈的掌门人吕大圭，不惜年事已高、不惧山高路远、不畏世态炎凉，只身一人千里迢迢赶往大防贬职所居处探望，这满满的兄弟之情、手足之义既感动了族人与亲朋好友，也充分显示了吕大圭为人至诚、至信、至仁的品格与危难中方见的君子之风。

吕大圭墓是本次考古发掘中的第12座吕氏墓葬，故编号12号墓。在这座设有上、下双重墓室，下层的实用墓室宽敞且带有大壁龛的阴宅内，安葬着吕大圭与前妻张氏。大圭的青石墓志位于壁龛中，志文洋洋洒洒一千二百多字，简述了墓主人生前主要经历。吕大圭，字君玉，从小好学，青壮年时期更是学而不厌、不断进取，步入老年仍是勤学不怠，尤其在礼学研究上颇具造诣。在家族的婚丧嫁祭诸般大事中，处处以“礼”为准绳自律其身，而待人接物，处理君臣、父子、夫妇、朋友关系方面更是以“礼”为大要则勉力践行之。常说：书不是白读的，读书就是要令自己守规矩、遵绳墨，久而久之修养得以提高，循规蹈矩便不以为难。

大圭平日与人相处，恭静谦和；与人交往，旨笃味深。正直仁厚、必诚必信、忠孝道义是其毕生所求。如此君子、好学之士却在科考途中坎坷难行，虽屡为乡贡，但进士及第与之无缘。后因叔父吕蕡熙宁中以虞部郎中致仕（致仕：结束仕途退休）时的推荐，得以免考入仕（宋制，官员致仕可推举子侄免考入仕以为恩待），曾历嘉州洪雅主簿、华州渭南尉、监蔡州商税务等，崇宁二年（1103）以朝奉郎致仕。朝奉郎，文散官，无实职，品秩正六品。

昔日其父吕英在许州与汝州为官并于汝州任上去世。汝州于北宋属京西北路隶下，今为河南省汝州市。许州北宋亦属京西北路隶下，后改曰颍昌府，其下郏城为今河南省郏县。因大圭与母亲王夫人皆喜爱郏城之风土人情，便定居于斯。后来，吕大圭请老还乡十余年间均在郏城逍遥度日。郏城的生活安逸恬淡，有田在宅院四周，平日里耕读为乐，自给自足，心态平静，神情怡然。闲暇与友人谈古论今，欣慕忠良贤德而贬斥不肖之徒，激动时言词慷慨，如身履其间，实乃性情中人。由于他的诚信与品行受到乡里百姓的佩服敬重，并潜移默化地影响和教育了大家，从而形成了人们相互勉励提醒，不做非道义之事的和睦平安局面。

从兄吕大防出任宰相之时，大圭从未以私务而有所求，既而大防蒙冤贬官流放时，别人避之犹恐不及，唯大圭已年七十矣，尚不惧"间关千里，即贬所见焉"。

母亲王夫人卒，大圭与弟大雅结庐于墓左丁忧，"终丧累然不胜哀"。对待"甥侄女之孤者，视若己子，均其奁具，择良士归之"。可见其已将忠、孝、礼、义融于一身而落在实处。

政和六年（1116）七月二十日终于家，享年八十有六。大圭去世的消息传出，乡里惊悼相吊、奔走会哭，里巷为之罢市、农人为之辍耕。来吊唁者甚多，均为失去这位刚正纯一、至诚格物之君子而惜哉痛哉！

镜花水月难成真

吕大防被一贬再贬最后被迫迁徙岭南时，陪同前往的还有其嫡子吕景山与孙女吕嫣。

吕景山，字子牧，景山之名应源于《诗经·小雅·车辖》中的诗句“高山仰止，景行行止”。高山，喻高尚品德；景行，大路也，喻行为正大光明。后人以高山景行形容崇高的德行。其字子牧则依所藏青铜器上铭刻推测而来。吕景山是吕大防唯一的嫡生子，原景山之后曾有一乳名曰“岷老”的弟弟，只是襁褓之中便已夭折，父亲按礼制将其葬于祖父吕蕡左侧略偏后处。

从出土的其他吕氏家族成员墓志记载中隐约可知，景山虽非“山”字辈族长，但在同辈人中年龄最大且老成持重，又因族长吕信山一直定居河南郏城，所以蓝田吕氏门内诸事皆由景山主持打理。景山是蓝田北宋吕氏第四代中的佼佼者，人品、学问俱佳。虽出身名门却为人低调，虑事周详，孝悌两全。当年迈老父贬官南迁时，景山辞去职官执意与父同行以便途中照应。徒至大庾岭下南山寺，父亲再不忍置爱子性命于瘴气横生、危机四伏的岭南荒蛮之地，故有“吾不复南矣！吾死汝归，吕氏尚有遗种”的苍凉绝叹。

父亲故后，景山强抑悲苦，辗转将其安葬在南海之滨远离尘世的东林村旁石鼓山上，为的是这一方净土方能配得上父亲耿直不阿、纯正刚毅的灵魂；求的是那浩瀚南海的万顷波涛才能抚平父亲饱受折难怆痕累累的心扉。此后数年，景山独自隐居在小渔村中为父守孝丁忧，这段平安宁静的日子让他疲惫的身躯得到休整，充满了雾霾的心境逐渐变得透亮而清净。所以当皇帝允许大防灵柩回归祖茔时，深深知晓父亲心意的景山，只用衣冠替代其遗骨送还故乡，以谢天子恩遇。

当景山的生命终止在宣议郎这个五品文散官的位置上时，遗体依旧尊祖训葬在蓝田太尉原上，而那颗已参悟了人间黄粱一梦的心，却于多年前便留在了碧水蓝天的遥远地方。

吕嫣是景山嫡生第四女，也是吕大防最为宠爱的孙女。南下循州之时，她同父亲一齐陪伴在祖父身旁。在吕大防墓葬的考古发掘中，与其邻近的北偏西处有一座编号7号墓、曾被疑为近现代的小型墓葬。本来它并没有受到特别关注，却意外地出土了一方青石墓志及十多件组精美的宋代瓷器。据墓志记载，小墓属吕大防孙女吕嫣所有，年方二十二岁便染病身亡，她是葬在墓地中唯一的第五代成年人。7号墓虽然不大，随葬品却异常丰富且品相上佳。其中的一件青瓷酒瓶和扁圆形白瓷盒不但质地好、做工规整，瓶中与盒内所遗留的物质也十分奇异特殊。青瓷酒瓶瓶底检测出动物骨骼残渣，而白瓷盒打开后内藏的白色粉末非常细腻滑润，虽貌似妆粉，但却与其他墓葬出土妆粉有本质区别。其他妆粉质地较其粗糙，受潮即结成块状，而这盒中之物虽经千年埋藏、潮气入侵而不凝不化、色泽依旧、松散如初。它们究竟是何种物质？又为什么会埋藏在一个年轻姑娘的阴宅内？要释破这个疑团，还须从它们的主人坎坷不幸的一生讲起。

吕嫣出生的时候，正是家族步入鼎盛的开始。那是北宋哲宗元祐元年（1086）一个秋高气爽的九月，京都汴梁的吕府中喜气洋洋，因为大防的嫡子吕景山夫人李氏为他添了一个粉妆玉琢般的小孙女，祖父亲自为她起名：嫣，字倩容。这孩子生来就十分乖巧伶俐，长大之后不但知书达理、深明大义，而且琴、棋、书、画无一不通晓，是个人见人爱、聪慧美丽的才女。祖父母对她视为掌上明珠，经常带在身边亲自教导，父母亲也因其懂事、孝顺而对她倍加钟爱。在这个其乐融融的大家庭中，嫣无忧无虑地快乐成长，直到元祐九年（1094）初春，灾难突然从天而降，祖父的被贬职流放彻底打碎了小姑娘梦幻一般的甜蜜生活，从此不幸的厄运便与她紧紧相伴直到终生。在与父亲共同陪伴祖父流放岭南的日子里，嫣患上了足弱之疾，这种病在古医学典籍中被称为“脚气”，但与现代人所说“脚气”是完全不同的两种疾病。它的病根源于湿热之毒，发作在下肢，病人腿脚酸软无力，足胫肌肤日渐消瘦，冷、麻、酸、重的感觉与日俱增，致使神形萎弱，久治难愈。如见心慌气短、烦闷燥热、意识昏昏，下肢肿胀则是病情危重之兆，名曰脚气冲心，凶险之极。在与病魔抗争的数年间，为缓解腿脚的酸软乏困，嫣可能会时常饮用一些可强壮筋骨的药酒，以当时条件而言，最有效的除湿壮骨药酒当是传统的虎骨酒。所以她墓中随葬的青瓷酒瓶中遗留的动物骨骼残渣很可能就是泡酒用的虎骨。虎骨酒被封存于地下，日久天长瓷瓶上软木塞逐渐朽毁，敞口的酒瓶再也不能阻挡酒水的挥发外泄，所以今天见到的只有空空瓶体和内底残留的少许骨末（图116）。

另一件精致皓素的白色扁圆瓷盒里装着的极为细腻滑爽的白色粉末（图117），经检测认定是一种矿物质和植物与汞的混合物，稍有毒性，是古人用来治疗水肿的口服药物，它的功能正合吕嫣之病症，所以盒中白粉应是她日常服用的药物。

图 117　白釉圆盒

图 116　青釉酒瓶

当祖父吕大防死于岭南数年后，得皇上恩准，嫣又随父亲一同历经艰辛坎坷扶祖父灵柩北归。对于吕嫣的一片孝心，父亲景山在为她亲笔书写的墓志铭中赞许有加。但人世无常啊，才女吕倩容正值青春年华便沉疴不治，唯一的愿望就是与早年已定终身的夫君大婚之后再离开人世，然而这个期盼却变得如此遥远、可望而不可及。当迎亲的队伍还有一天路程就可到达时，吕嫣却带着遗憾永远离开了她的所有亲人。就在她病重不治而亡的前一天，父亲景山已知再无回天之力，为了向女儿尽最后一份父爱，他坐在嫣的病榻前，语气安详地为她讲述着生死浮幻之理，希望爱女能看穿这恍若镜花水月般的人世经历，平静地面对死亡，这也许就是现代人所说的临终安慰吧。吕嫣也深深理解父亲内心无比的伤痛，所以强打精神，好言劝慰，以宽父母之心。父女二人就在这相互的心照不宣中哀哀诀别。

一年后，吕景山在冬至这天，率全族人于家庙中祭祀先祖并葬爱女吕嫣于祖茔。为了悼念她的乖巧孝顺、为了怜惜她的芳华早谢，父亲亲自为她撰写了墓志铭，并强忍悲痛悉心周到地选择了各种随葬用器。虎骨酒和消肿药是女儿生前常备药品，自当随其地下继续使用。同时陪葬的还有酒壶与温酒碗（见图41、42）以及女儿家随身携带的胭脂粉盒等物。一切就绪，嫣被葬在祖父母坟丘之旁，使其黄泉下仍有至亲庇护关爱。随着一捧捧黄土的注入，父亲的心也被满满的哀伤撞击得抽搐不已。在墓志铭的最后，景山苍凉地记述了那个不堪回首的日子他心中的绞痛和欲哭无泪的悲怆。

将近一千年后的今天，通过考古发掘、墓志铭文考释及科技检测手段，方揭晓了一个女孩儿短暂生命中的凄婉故事，了解到这个女孩儿被何种疾病折磨致死，而且明确了古人治疗这种疾病的一些方法和药物。

重负之下存亦难

对于造成大防一家不堪命运负有一定责任的兄长吕大忠而言，随意间酿成的大错，成为他至死背负的重压和不能释怀的心结。本来，吕大防自哲宗年少即位便携助垂帘听政的李太后处理政务，一丝不苟、全心全意教导幼帝。所以，皇帝与他既有君臣之情亦有师生之谊。召大防长兄吕大忠入宫问话，则显示出皇帝仍对被贬黜的昔日重臣有思念和意欲召回之心。不幸的是，这一有望扭转吕大防未来和整个家族命运的重要信息被大忠过早地泄露给了他的政敌，其中原委或许是大防被贬后的舆论压力；或许是墙倒众人推的炎凉世态导致了兄长力图尽快翻身，在对立者面前扬眉吐气的心态造成了这一不能弥补的惨痛结局。所以，在吕大忠的墓葬中，仅置有一方小小的青石墓志，上面的文字十分简单，对他一生没有任何评价。吕大忠是《宋史》有传之人，历朝历代，能名列青史的官吏绝非等闲之辈，正常情况下其墓志铭定会长篇大论记述亡人生前功业，而大忠墓志则恰如其反，不一般的简略与沉默又何尝不是对他铸成大错的惩治与处罚呢！

作为吕蕡的嫡长子吕大忠，是“大”字辈年龄最大、家族里举足轻重之人。墓志记载：吕大忠，字进伯。虽然因他的一时不慎，导致整个蓝田北宋吕氏家族深受重创，一蹶不振。但客观地讲，大忠一生也曾经熠熠生辉。

宋仁宗皇祐五年（1053）他进士及第，初仕华阴尉，而后历任晋城令、签书定国军判官。神宗即位，为了富国强兵，诏王安石进京，委以宰相重任，让其主持变法。王安石为了变法顺利，便派出多人出使邻国议和。吕大忠和范育接到使命，权衡再三后认为不妥，大忠上奏章言：此时与邻国议和，不易把握，处理不当反会损害国家利益，故不可主动前往。后来，大忠又与刘忱一同被派往辽国商议代州（今山西代县）以北的领土划分之事。这时大忠父亲吕蕡病逝，他随即赶赴蓝田奔丧。熙宁七年（1074）丧期未满则被召任知代州。辽使至代州后，不坐为其专设的次席，却占主席位置，大忠见此情景大怒，将次席挪至长城以北，辽使无奈，只得听从大忠安排。在领土划分问题上，辽使提出将代州割让给辽国，辽便不再侵犯宋朝，从此两国和平共处。宋神宗本打算同意该条件，吕大忠却说："彼遣一使来，即与地五百里，若使魏王英弼来求关南，则何如？"神宗不悦，问："卿是何言也？"刘忱说："吕大忠的意见关乎国家大事，此事陛下一定要三思而行。"当时的文武大臣一时也拿不出好方案，此事便搁置下来。后来，刘忱被召回三司，大忠亦还故乡为父守孝。最终，宋辽两国共认以分水岭为国界。所以说，吕大忠在守卫领土方面态度坚决、功不可没。

元祐年间，大忠知秦州时，州判为科举状元马涓。开始，涓常以状元自称，吕大忠对其云：状元是及第后未做官时的称呼，做了官就不能再以状元自居了，应该以之所学而修身养性，不断提高治国之道。他还常常教导马涓勤政爱民的方法和道理，马涓十分感激，视大忠为师虚心求教。大忠还带马涓拜访了著名学者、秦州学官谢上蔡，每次听谢上蔡讲解《论语》等著作时，大忠皆正襟敛容而坐，马涓初时不解，大忠说"圣人之言在焉，吾不敢不肃"。后来，马涓得朝廷重用，他十分诚恳地说："吕公教我之恩也。"由此可见吕大忠提携后进的坦荡胸怀。

大忠一生坚持学习，使自己不断进步。年龄一把了还受其弟影响进入关学开创者张载门下进修。张载殁后，吕大忠虽然早就学有大成，但求知欲望却依旧强烈，又东投洛阳二程（程颐、程颢）门下深造。他的孜孜好学，得到大儒程颐的夸赞："吕进伯可爱，老而好学，理会直是到底。”

元祐二年（1087），任陕西转运副使期间，将“石台孝经”“开成石经”“十三经”等碑石移至长安城墙内南侧统一保管，形成了西安碑林的最早雏形。西安碑林是收藏我国古代碑石时间最早、名碑最多的一座文化艺术宝库，吕大忠作为这千秋功业的奠基人、始创者而成就昭然！

绍圣中，大忠晋升为宝文阁直学士。后因其弟大防被贬受牵连且与当朝宰相章惇不合被降官、而后致仕。不久病卒，享年七十六岁。死后复其学士职。

回顾大忠的起伏人生，在仕途上有所作为，学问上不断进取，为兄为父尽其所能。只因一时之过，古稀垂暮之年却受到来自社会、家族、自身的三重谴责与懊悔，在心灵的悲苦、凄楚中走完了最后的历程。也许只有厚重而纯粹的黄土才能最终安抚那颗累累伤痕的心吧。

赤子殒命骨灰还

吕大钧，字和叔，乃吕蕡第三子。胆识过人、才学兼备，性情淳厚质朴，毕生于仕途中未成就显赫功业，却是一位忧国忧民的挚诚君子。《宋史・吕大钧传》言其：“大钧从张载学，能守其师说而践履之。虽皆本于载，而能自信力行，载每叹其勇为不可及。”

大钧生于宋仁宗天圣七年（1029），自小由父亲吕蕡教授儒学，嘉祐二年（1057）中进士乙科，授秦州（今甘肃天水）右司理参军，后任监延州（今陕西延安）折博务。又迁光禄寺丞、知三原县。被推荐知泾阳县时，父亲吕蕡去世，大钧赶回故乡蓝田奔丧并居家丁忧。服丧期满，自认为“道不明，学未优”，不愿再入仕途。时关中学者张载于横渠招收门徒讲学。张载与大钧为同年进士，大钧仰慕其学识渊博，便不顾年龄与兄弟关系，拜张载为师，执弟子礼，潜心研读学问。大钧此举影响颇大，一众人纷纷投入张载门下，关学从此而兴盛并发展为北宋时期著名学派。张载离世，大钧继续传授关学，据《蓝田吕氏遗著集校》云，大钧曾于吕氏家庙内开课授业、讲学释经。关学十分重视“礼”制，强调“通经致用”“躬行礼教”。吕大钧将关学之主张发扬光大，以教化人才、变化风俗为己任，与兄弟们一起制定了《吕氏乡约》这部中国最早的乡村自治制度，提出“德业相励，过失相规，礼俗相交，患难相恤”的道德行为准则。经过大钧多年努力，关中风俗为之一变。

后经众臣推荐，再次启用为诸王宫教授。其后，又任监凤翔船务和宣义郎。元丰年间，宋朝用兵西夏，大钧时任富廷（今陕西富县至延安一带）转运司副使。一次种谔（北宋时期名将，河南洛阳人）率兵已出塞外，军需却未接上，转运使李稷恐受军法，打算回安定（今陕北王家堡一带）取粮草，于是派大钧向种谔请示，种谔得知后怒道：“吾受命将兵，安知粮道，万一不继，召稷来，与一剑耳。”大钧性刚直，即曰：“朝廷出师，去塞未远，遂斩转运使，无君父乎？”闻此话，种谔虽心中已服，但嘴上仍说：“君欲以此报稷，先稷受祸矣。”大钧怒曰：“公将以此言见恐邪？吾委身事主，死无所辞，正恐公过耳。”谔见大钧刚正不阿，心中佩服，便同意了大钧意见，令李稷免受处罚。此事若非吕大钧的慷慨陈词，李稷定难逃惩治。不久，大钧于征西夏途中染疾，以身殉职，享年五十二岁。

或因行军途中诸多不便，大钧遗体可能就地焚烧，仅将骨灰送还。故吕氏祖茔内设有并列双室的大钧墓穴中，只有其先、后两位妻子居所，未见男主人专属墓室、葬具、遗骸。想来，其骨灰应置于某容器内与两位夫人合葬。然，纵观众多出土随葬品，唯放置在东、西墓室间生土隔梁北部居中处的彩绘灰陶罐位置（编号M22 ： 10）特殊而醒目，此物腹内可能即为吕大钧骨灰归存之处。但因墓葬被盗扰，该器物已破碎，虽经修复成形，但罐中贮物皆遗失不见。而东、西墓室间生土隔梁北端放置的、由唐代翁仲改制、未錾刻文字之光面墓志，恐属大钧所有。或许志文原以墨书撰写，历经日久皆消退殆尽矣。

生有志而死不泯

当我少年时，从语文课本中第一次知道吕大临的名字是因为他编纂了《考古图》。没想到，长大后阴差阳错我成了考古系的毕业生，做了中国考古鼻祖吕大临的后继门人学子。更没想到，多年后一个不期而遇的机会，又让我承担了蓝田北宋吕氏家族墓园的考古发掘任务。当穿越千年时空亲手触摸与感悟那个逝去已久的家族留下的缕缕信息、众多用品时，我真心感激冥冥之中竟有如此巧妙之安排，使一个后辈考古人得见先贤遗骸与遗物，并通过这些得以认知他们的世界观、价值观和人生观。

有人玩笑说："现代的考古人挖了自己祖宗的墓。"确实，本次考古对吕大临先生的墓葬做了抢救性发掘，这是不得已而为之，为了他安息的场所不再受盗扰之苦，为了保护那些他曾使用和钟爱的物品免遭破坏流散，这是目前最为妥当的解决方法。

吕大临墓编号2号墓，这座充满了神秘而又不同寻常的墓葬前文已有叙述，它的特别形制表现了墓主人对历史、对人性甚至对未来的认识。

吕大临生于宋仁宗宝元元年（1038），字与叔，号芸阁。父亲吕蕡一生共育六子，大临乃第五子，前有早亡四兄吕大受，后有六弟吕大观。因大忠、大防、大钧、大受、大临皆进士及第，故一门有“五子登科”之荣。吕大临虽为进士已得为官出仕之本，但其性情刚强，洁身自好，不留连科举，更无心仕途，一生追求学术研究。初时追随大儒、关学创始人张载学习研究理学。宋英宗治平三年（1066），张载应长安京兆尹（西北最高行政长官）王乐道之邀赴长安讲学。此间，著名理学家“洛”学派大儒程颢、程颐也来关中演讲，大临听后认为他们的学说很有见地，大为叹服。张载去世后，便转拜二程为师继续学习且学有大成。虽如此，大临却从未放弃关学的基本思想宗旨，不背师门，成为关学最有力的捍卫者。

无论师从张载还是二程，吕大临都享有极高声誉。作为张载门下高足，因学识文采出众，张载之弟张戬将女儿许配与他，其岳母对人言，“吾得颜回为婿矣”，可见其对大临品行学问的高度赞赏。改随二程后，在众多程门弟子中，因渊博学识、不俗见地颇为老师器重，并得到学界一致好评，被世人与谢良左、游酢、杨时三人共称为“程门四先生”。南宋理学大家朱熹也认为吕大临的学术成就高于当时与他并称的诸家。

吕大临先后师从理学的两个重要学派创始人，且被两个学派均视为代表性人物，同时又得到当代及后世著名理学家的共同推崇，这样的学者在宋明理学史上极为少见，称其为理学家则当之而无愧。

吕大临的一生主要精力都放在理学研究上，至晚年方始对青铜古器的收集与研究，他是我国最早将青铜器铭文进行系统研究考证的学者。所编纂的《考古图》共分十卷，整理收集了一些传世零散青铜器与当时密阁、太常、宫廷内藏及民间个人所藏青铜器二百二十四件，石器一件，玉器十三件，将其分门别类加以命名、器物形制描述、尺寸测量、图样绘制以及器上铭文记录。这种分类法和对各器通过名称、线图、文字、尺寸、重量进行载录的方式直至今日在文博界仍被继续沿用。《考古图释文》是吕大临对八十五件青铜礼器上的八百二十一字铭文用《广韵》四声进行编排，每字注有铭文所在的器名、读音、释文等，不识之字则作为疑字、象形、无所从三部分列于书末。书中青铜器大多出自《考古图》。此书用以纠正时人对古字形、音、义之传统认识，成为研究中国古代青铜器铭文的一部重要参考书籍。所以说，吕大临不仅是理学家，还是金石学家、古器物学家，他奠定了中国考古学、古文字学之基础。

但是，与后世对其评价和看法不同的是，吕大临从未将对古物的研究考释视为单独的学问看待，他的所作所为完全是为了倡导和践行礼教、恢复三代礼制的关学宗旨和古礼研究服务的，是其经学研究的组成部分。而书中首页所附“考古图记”字里行间不但渗透着作者对华夏文明的敬仰与深厚情感，同时也阐述了作者为理解、汲取古代思想文化之精奥、探求古代社会发展变化之轨迹、补救经传之缺失、改正诸儒之谬误及后来学者作参考而著书的意图。

一生无意于仕途的吕大临，早年以门荫入仕，此后方进士及第。门荫又称恩荫，乃上古世袭制度的变相，广义的恩荫是指由于祖、父辈的地位，而使子孙后辈在入学、入仕等方面享受特殊待遇。狭义的恩荫或门荫指宋以后出现的独特门荫制度，即：每遇朝廷重要庆典，中高级文武官员的子弟、亲属及门客等可享受承恩特许入国学读书并入仕的特权，这是科举之外的一条入仕途径。所以吕大临面对“门荫”时，“不敢掩祖宗之德”而受之。但在相关文献中并未详述其为官履历，而墓葬内亦未出土墓志铭或较长篇幅的文字记述。唯《宋史·吕大临传》云：“元祐中，为太学博士，迁秘书省正字。范祖禹荐其好学修身如古人，可备劝学，未及用而卒。”于是，准确可信地说法是：吕大临于宋哲宗元祐年间职官是太学博士，太学博士乃从八品学官。职责为教授太学生，亦备咨询，参议礼仪。位次国子博士。后所迁秘书省正字乃秘书省下属官吏。秘书省掌国之典籍图书，其下所设正字一职主为校雠典籍，刊正文章。虽因好学修身而被苏轼门人、哲宗时任给事中的范祖禹推荐待用，可惜未及用则于元祐八年（1093）病逝。享年五十五岁。

吕大临的一生虽并不长久，却活得正气凛然、随心所欲。历朝历代，儒家的“学而优则仕”成为天下读书人实现自身价值的最佳追求目标。能够面对“仕”的诱惑而淡然处之，为自己的理想志趣不懈努力、探索终生者古之几何？而吕大临便是这凤毛麟角之一。如果他能穿越时空看到今朝盛世对他生平倡导与主张的发扬光大，看到华夏古文明的与时共进，看到传统文化的复兴与传承，定当慨然而赋、长歌天穹。

不随世俗为心声

无独有偶，淡泊仕途、无心权贵之人，在这官宦之家、书香门第中尚有大临从弟吕大雅是也。

吕大雅，字正之，曾用名大年。大雅之名出自《诗经·大雅》，应是其成年后所用。斯乃吕蕡兄吕英嫡出第三子，其阴宅是本次考古中发掘的第一座墓葬，故编号1号墓，为夫妻合葬，共设前后双室，前室宽敞，属男主人居所，后室略狭小为女主人贾氏占有。竖井墓道的东、西两壁上部各开壁龛，分置吕大雅与贾夫人墓志。大雅虽名不见经传，但墓志铭对其生平记载详细。因知，他自小父亲早亡，母亲王氏将其抚养成人。因少年丧父，于逆境中形成自强自立、坚定不挠的性情特征，对母亲王氏极尽孝道体恤，故深得其欢心。元祐初，从兄丞相大防遇明堂大礼，荐其以门荫而入仕途，曾任陈州南顿县主簿。陈州南顿县北宋属京西北路陈州府隶下，在今河南项城附近。主簿为从九品执事官，掌县内出纳的官物及销注。此任未满，因母亲亡故而告假奔丧，大雅与兄大圭奉母灵柩千里跋涉归葬于蓝田太尉原祖茔。丁忧期间哀伤不已，结草庐于墓侧守护，终日“负土以封，不知寒暑，人为之感动”，晚间则焚香诵经静心祈祷再无旁念。丧满后本无出仕之意，经族人再三劝说方勉强接任邓州顺阳县尉一职，邓州顺阳县北宋属京西南路邓州隶下，现在河南省南阳市附近。县尉仍属从九品职事官，掌管县衙内羽弓手，以除奸禁暴。在此任上，不一日突长笑而云：为什么我不能按自己的心愿生活呢？于是，在宋徽宗建中靖国元年（1101）春，以承务郎（从八品下文散官）致仕而告老还乡。其兄朝散郎（正七品文散官）吕大圭，赞其勇气可嘉，随之亦辞官不仕。至是，二人心意相投、四处游历、朝夕相从，活得自在逍遥。徽宗大观己丑年（大观三年，1109年）正月庚子，大雅“以疾卒于寝，享年六十有六”。临终前，“与家人酌酒叙别如平日，俄顷翛然而逝”。

大雅天资静默，为人诚挚，淡泊名利，无心仕途。初大防荐其为官实非他素来志向，只因母亲希望儿子有为官的前程才不敢推辞。但一生初心不改，终究是拂袖而去，挣脱了世俗偏见，实现了平生所愿。能彻悟人生之理、生死之道，确非常人所及，谓之奇人雅士实无过之。

慨叹人生恨无常

在“大”字辈九兄弟中，吕大章排行第五，是吕英第二子，上有嫡兄大圭，下有胞弟大雅。大章字仲夔，性情忠厚朴实，勤劳节俭，不善读书却尤喜务农持家。成年后娶随氏为妻，共同替母亲王氏夫人分担家务、料理农事，供给兄弟读书。一生不辞劳苦，并无半分怨言。宋英宗治平四年（1067），因病而亡，享年三十一岁。膝下无子，仅有三个女儿，唯长女成人，余者早夭。因其世居河南郏县，亡后于宋神宗熙宁七年（1074）迁葬于蓝田吕氏太尉原祖茔。

吕大章墓葬编号16号墓，为长方形单墓室。由于迁葬致使骨骼略显凌乱。又因未育男儿，依当时习俗认定无后人供奉香火，故而葬在祖父吕通坟旁，以分享祭祀。

吕大受，字彦辉，是吕蕡第四子，列于“大”字辈众兄弟第六位。少年时聪悟过人，十八岁文章才气已有声名，尤善草书，但从不于人前炫耀，所以知之者甚少。性情谦逊纯良、温和孝顺，待人友善，对事明辨是非，虽少有高论而心中却自有主见。因此人皆乐意与他相交。嘉祐六年（1061）中进士第，所谓吕氏五子登科，其一也。

进士及第的第二年，大受由二弟大观陪同前往岐下（即今陕西省岐山县，北宋的秦凤路凤翔府隶下地区），迎娶自己的新娘张氏。娶亲归途中，突染重疾，强忍悲伤，勉力支撑病体修书一封，命二弟送回家中，以表今生再不能侍奉二老之遗恨。然，家书未至，他已命赴黄泉。离世时为嘉祐七年（1062）五月二十四日，享年二十有五。妻张氏，娶三日而君亡，无子为后。时父亲吕蕡尚在外地为官任上，知此消息悲痛欲绝，白发人送黑发人的内心凄苦悲怆使他不忍将爱子即刻下葬，故大受灵柩被暂殡（存放之意）于蓝田县李村原祖茔（蓝田吕氏赴陕后第一个祖茔地）之偏。吕大受才学兼备，年轻有为，为人又谦和低调，若可足享天年，其前程或不可估量，可叹不幸早死，令人不胜惋惜！

大受灵柩在祖茔中搁置七年后，熙宁二年吕蕡对儿子们说：“丧至葬，终也。”意思是，丧事的最后是要下葬才算终了，这孩子不能不安葬呀。于是，在父亲主持下，吕大受以其年十月祔葬于祖茔。熙宁七年（1074），太尉原祖茔落成后，大受因无子嗣而被迁葬于祖父吕通墓侧。

吕大观，字求思，吕蕡第六子，在“大”字辈众兄弟中排行第八。“幼敏给强识，常童之所莫及”，十余岁时对史书、律法、数学等诸多学问均有兴趣。于是，“博习群书，下至方技佛老之说，莫不洞解”。但连续考举进士却屡不中第，父亲怜惜他，欲以门荫使其免科举之苦而入学入仕，但每次得到的恩荫机会，大观都执意让给旁亲而坚决不接受。随着年龄的增长，他的学问日益精深，并将昔日杂学一概弃之，一心一意研究礼义之精髓。家人朋友劝其求取功名仕途，则曰：“古之仕者，未尝有求，故出处去就，莫不为义也。今之仕者，未尝无求，故出处去就，莫不为利也。士之廉鄙敦薄，正在乎义利之辨，求与不求之分。本且失之，而责其末，亦不足以语道矣。”由此，来劝的人再无话可说。于是便不再应举，日日研读解析孔孟之书，以汲取其中深意。

大观师从关学创始人张载，并能传其道而蹈其行，且以圣人为榜样和追求目标，努力学习。但天不遂人愿，年仅二十九岁便不幸短命英年早逝，时为熙宁五年（1072）五月。停丧五个月后在吕氏第一座祖茔——骊山西塬选吉日入土为安。熙宁七年（1074）九月，改葬蓝田县城之西五里的太尉原祖茔。娶妻雷氏，并育有子女一双，男曰至山，女曰尽奴。

吕大观墓为较宽敞的单室土洞墓，其妻雷氏直至墓园停用时尚健在，故墓葬内仅有大观独自一人。

吕蕡所生六子中五子进士及第，人赞一门五进士，唯季子大观喜研儒学而厌弃科考，不慕仕途之权势利益、荣华富贵，特别是对当世人与古人求仕之心理意图剖析得精辟而淋漓尽致，堪称佳论，在蓝田北宋吕氏门中又是独树一帜的超凡脱俗之人。

生于末世运偏消

“山”字辈是葬于蓝田吕氏太尉原祖茔中的第四代人，此辈掌门人应是吕通的长房长重孙吕大圭嫡子吕信山，但大圭一脉世居河南郏县，蓝田祖宅中事务似由年龄最长的吕景山照料维护和管理。直到墓地停止使用时，属于吕信山的墓位仍被闲置，说明这位长重孙继承了父亲的长寿基因，而健在人世。这也是“山”字辈嫡系中唯一留下的空缺墓位。

所以，葬入墓园中的吕氏第四代成员里除吕景山外，尚有吕锡山的两位夫人、吕义山及夫人、吕省山夫人、吕至山及夫人、吕仲山夫人。

吕锡山乃吕大忠嫡长子，其先有兄道山、后有弟汴奴，皆不幸早夭。锡山便是吕大忠唯一存活的嫡出子，锡山之名源于《诗经·大雅·江汉》，“锡”之原意为赏赐，故锡山乃赐予山川之意。因蓝田太尉原吕氏祖茔停止使用时吕锡山正值壮年，所以属于他的墓位上只葬其先、后两位正妻（礼制规定：庶出子与侧室夫人亡后均不可入祖茔，灵位亦不能进祠堂）。

吕锡山的结发妻子谓侯氏，出身于世代官宦之家，其父官居朝散郎（正七品文散官），与大忠交好甚厚。故年少的锡山时常随父亲去侯家拜访，当时的侯公“风貌峻整，使人敛衽知畏，听其论议，至及天下事，是是非非，挺然不阿”。侯公的刚毅正直、以节自高，给这位历事不深的少年郎留下了深刻印象，因而对侯公之为人处世由衷敬仰。其后又多次至侯公家中拜访请教、聆听教诲，侯公爱其年少好学、胸有志向，便将女儿许之为妻。侯公殁时女儿尚幼，母亲崇德县君（县君乃叙封称号，因其夫君官品而得）田氏守义，平日以书史为伴，女儿有疑问自有母亲答疑解惑，故而能知书达礼、通晓大义。侯公之元配有子四人，崇德县君能对他们照顾周到、呵护如一，确实离不开女儿的暗中相助。长至十六岁花季之年，便嫁到吕家为锡山之正妻。夫人天资聪慧，悟性极佳而见识长远，行为举止皆从于礼，“事上以敬，抚下以慈，待人以诚”。吕氏为长安大族，夫人处处洁身自好以不辱门风，对于夫君锡山更是关怀备至，鼓励其与贤人相交以求上进。

夫人初嫁之时，先公大忠命其管理家政，侯氏心思缜密，处处谋划得体，将家中一应琐事打理得井井有条。大忠晚年多疾，夫人夙夜服侍、悉心照料，并无半句怨言。先公去世，夫人深知吕家讲求古礼、重视祭祀而亲自下厨烹饪祭品。虽然年纪尚轻，但言谈举止却深得众人赞许。可惜天嫉红颜，年方二十二岁便染病不治身亡。故后，不但夫君锡山痛彻心扉，族人外戚也莫不洒泪叹息。想夫人生病之时，其兄特意来府探望，夫人时已病重而不能起，但恐兄长与家人担忧且勉力支撑、提气立形，貌似悠闲无碍，以慰亲人之心。将死前一日，看到仅有五个月大的儿子庆孙，则目视乳母如有话说，却久久无语，乳母没有领悟其意，夫人便指着孩子说：“善为我护之。”这便是她短暂人生中留下的最后一句话，也是她在人世间的最后一个心愿。死后的同年七月，被安葬于蓝田太尉原之先茔。夫君吕锡山感念她的贤德孝敬、聪慧明理，痛惜她的青春短暂、华年早逝，亲自为其撰写墓志，以抚亡灵、以寄哀思。

三年后，锡山再娶齐氏为继妻，齐氏仍出身官宦之家，知书达礼，年方二十四岁始嫁与锡山。因其幼年丧母，所以烹饪、女工均属自学成才，特别是女工精妙，堪称一绝。齐氏性格谨慎沉静，每有一言，自当三思而出。当时锡山公务正紧，所有家务皆由齐氏承担，虽辛苦繁忙，仍时时提醒夫君求学上进，锡山也因其见地不俗而对她敬佩器重。平日闲暇，齐氏专喜读道家之书，且颇得其要旨，日见清高而不肖于世故。这种美好而甜蜜的时光在不知不觉中度过了三年，二人情投意合，恩爱如初，本以为能天长地久永不分离，不料世事无常，夫人刚有孕时便数次对锡山说：君是长房嫡子，要继承家门香火，我以不能与君偕老为恨耳。追问此话由来，却默而不答。也许这就是今人所说的预感吧。匪夷所思的是，大观元年（1107）锡山任安肃军酒官时（安肃军治所在今河北徐水县域内），有一位建安（现福建）来的术士名叫赵安常，据说此人“观其定贵贱、决死生，若指诸掌，虽其人在侧，言之无隐”，士大夫中许多人愿与其交往。一次锡山偶遇赵术士，便问及自己的前途，赵安常徐徐答曰：“功名未可期，岁在丑，恐不利于君妻。”对这话锡山并不相信，可是就在大观（1109）己丑春三月，齐夫人果然死于乳疾，享年仅二十七岁。回想术士之言及夫人生前所说，锡山不免疑惑重重，难道真是天命不可逃耶？同年冬十月，锡山举夫人之丧，并于第二年春返葬于京兆府蓝田县太尉原先茔之次。

在整个墓地布局中，吕锡山墓位在其父吕大忠身后，编号25号墓。该墓葬的定位完全符合家族墓葬纵向排列中父与嫡长子关系的设置规则。墓室平面呈“丫”形并列双室格局，其中左边为发妻侯夫人寝室，右边属继妻齐夫人葬所，并列两墓室前设有较长甬道与窄小前室，此处当为吕锡山预留空间，使用时只需将其扩展为前墓室即可。只是锡山最终未能归葬，对其生平阅历无文字可考而不能详知，只在齐氏墓志开头镌有“承事郎、前监安肃军酒税务吕锡山撰并书”一句。由此知，吕锡山身为正九品文散官承事郎，此前任安肃军酒税务，安肃军乃北宋河北西路下隶的六军镇之一，“监酒税务”是正九品职事官，主管辖区内茶、盐、酒税务征收与输出及冶铸之事。

吕锡山的前、后两位正妻均在风华正茂之时便过早凋零，令人不得不感慨万千！后来，因战乱家族主脉南迁，吕锡山与他的两位妻子天各一方，从此生死两茫茫，黄土垄中只留下两位女子的满腔情爱、一世恩愁。

吕义山及夫人墓位于吕大钧墓葬之后，编号26号墓。义山，字子居，乃吕大钧嫡长子。据墓中所出铭文器具记述，吕义山卒于崇宁元年（1102）八月，享年仅四十九岁。当年十二月，嗣子德修、辅修为父举丧，葬之于蓝田太尉原祖茔。

义山临终前所任职官为宣德郎、知定州安喜县。宣德郎宋初为正七品下文散官，宋神宗改制后为从八品；知定州安善县，则是实职。北宋的定州后来升为中山府，属河北西路隶下，安善为定州下属七县之一。宋代以朝臣至地方兼领一县之长，管理全县政务称“知县事”，简称“知县”，“知”即为管理、主持之意。吕义山故去时仅四十九岁，当卒于任上，祭器铭文所记亦同此意。义山一生孝敬父母，善待兄弟，诚信朋友，为官任上严以律己，勤勉以政，处理事务公正不阿，将县内管理得秩序井然，百姓也得以安居乐业，故而深得安善父老之爱戴。

吕义山墓设置为主室带侧室，主室宽敞规矩，正中为男主人棺椁，随葬物品较为丰富，主要特点是：以嫡子、友人所付铭文祭器和仿制上古礼乐器之石磬替代墓志铭，錾刻墓主名讳及简述其品行履历。侧室位于主室左稍后处，墓室较小，其内棺椁应属义山发妻，因无文字记载，如今这位夫人名讳、出身、享年等信息已不得而知。就整个墓室布局而言，应是先葬男主，若干年后于主室东壁开挖侧室再葬其妻。

吕省山，字子茂，是吕大临嗣子。前文提及，大临因学识渊博、人品出众而被老师张载之弟看中招为佳婿，但此女也许过早离世，抑或终其一生没有生育，总之大临发妻并未留下子嗣。大临的第二位妻子据《蓝田吕氏遗著集校》中所提到的“大临娶盲女乐师为妻”一句推断，吕大临的继妻当是一位双目失明的女乐师。看来这是一段浪漫而真挚纯情的婚姻，遗憾的是，这场美好的姻缘仍然没有留下爱的种子，所以在吕大临染病之后，便过继了堂弟吕大雅之次子孝山为嗣，此事在吕大雅夫人贾氏墓志中有明确记载。过继之后，大临改孝山名为省山。元祐八年（1093）正月，省山年满二十岁，吕大临亲自为他主持满冠仪式，行三加之礼，正式禀告列祖列宗过继一事，并郑重定省山之字为：子茂，“抑欲省其躬而茂其德也”。此后，省山以“门荫”入仕为郊社斋郎，成全了正字君大临之志。郊社斋郎为职事官，掌郊祀、明堂、祠祀、祈祷及茅土、衣冠等事，一般为荫任制度之下的赐官，品秩不详。其年四月，吕大临病逝，为其主丧者即嗣子吕省山焉。

吕省山作为吕大临嗣子，墓位应在大临墓葬之后。但是，这座居于省山墓位之上、编号为5号墓的坟茔中却葬着一位年轻女子，她独自长眠在营建规整、北宽南窄的长方形墓穴内，由于未经盗扰，棺椁遗骸尚存，周边放置的随葬器物也丰富且种类齐全。尽管随葬品中不见墓志和任何与文字有关的器物，但其所在位置则不言而喻地表明，这位女子便是吕省山的结发妻子。是什么缘故致使她在人生最璀璨的岁月里撒手人寰？如今确实无处问津，但丰富的随葬用品也许显示了人间的夫君与家人对其真诚的爱意和悠长的思念吧。

吕至山，字子功，为吕大观嫡子。成语“累土至山”意为由小到大，积少成多，也正是至山之名的最佳解释。吕至山墓位于吕大观墓之后，编号29号墓，是本次考古中发掘的最后一座蓝田吕氏墓葬。该墓葬被盗掘得十分严重，盗掘者便是该家族千年后的不肖子孙。墓室中所置棺椁均因此破坏行为而损毁殆尽，仅有模糊遗痕尚存。墓葬为竖井墓道长方形单土洞墓室，室内宽敞规整，正中停放至山与发妻棺椁，根据该家族传统葬制，男主人居室内西侧，女主人则在夫君左侧之墓室东部，故29号墓为夫妻合葬墓。墓室北壁正中有专为放置墓志而开凿的壁龛，棺椁周边摆放着死者生前实用的各种器具，只因盗掘者的极度贪婪，导致了众随葬品被劫掠和墓志的遗失。所以这个生活于北宋晚期、面对着金人入侵的威胁和动荡时局即将来临的忧虑而度过一生的吕氏子孙，生平所历、功名仕途、妻室子女等基本信息皆成为永世之谜。所幸，在零乱破碎的遗物残留中，竟寻到一枚吕子功铜印章，再结合那方被盗后重新回归的随葬歙砚底部铭文，最终可以确定：吕子功即为吕至山，至山为名、子功为其字也。

吕仲山是吕大雅嫡子，其墓位在1号墓吕大雅墓葬之后，但通过考古发掘得知，其墓位上所葬仍是一位女性，就是前文提及的那位身材苗条修长、头裹珍珠发巾、爱美且善于修饰自己的年轻女子。由于那简单而布置整齐的单室土洞墓穴内没有随葬的文字记载，只能因其占据了仲山墓位这一重要线索推断：她便是吕仲山的结发妻子。当年这位光彩照人的女子姓名若何？来自哪里？什么缘故使其花样年华而落英黄尘？她的身世又蕴藏着多少鲜为人知的隐情故事？这些都随着那缕芳魂的离去而成为不可知。如今也只能从时间的长河里泛起的点点粼波上去追寻这团飘忽不定的迷雾，也许她是一位聪颖又善解人意的妻子，也许她是个知书达理、孝敬长辈的媳妇，也许她与仲山是一对琴瑟和鸣、心意相通的佳偶，也许她以美貌过人气质不凡而独秀于群。无论怎样，她与仲山虽相聚有日，却在夫君内心深处留下一抹灿烂的霞光，令其终生难忘。在夫君为她跋山涉水自河南郏城故居护送灵柩归葬蓝田太尉原祖茔的日子里，妻的款款深情和失去她的万般伤痛始终萦绕在仲山心头，所以这位不知名的年轻女子墓中才有着如此丰富的随葬用器和她一生钟爱的妆品。

吕仲山葬妻之后即归郏城居所，后来的战乱令他再也没能回到蓝田，只留下墓室中那位曾经的发妻，独守这千年的孤寂。

葬在蓝田吕氏太尉原祖茔中的第四代人，亲身经历了家族由鼎盛而步入衰落的突变过程，也许他们有能力、有志向、有决心重新振兴家业。但是，面临着北宋末年整个国家的日趋灭亡，以个人区区之力，又如何抗拒这大厦将倾的万钧之势呢！所以生于末世的悲哀无奈，乱世中的挣扎逃亡注定了蓝田北宋吕氏第四代人的偏消命运。

通过蓝田北宋吕氏家族墓园的考古发掘与研究，让我们穿越千年时空隧道，看见了坐落于灞水之滨的那个水流环绕、松柏苍翠、碑石林立的幽幽墓园；看见了当年关中一个名门望族精致而不奢华、和谐而又恪守礼制的生活；了解到栖身于这个官宦世家、书香门第里的芸芸众生所行所历、所作所为以及他们对生与死的认知。所以说，这个偌大的家族、29座墓葬向我们讲述的是一段在时光中静默已久却并未逝去、离奇曲折而又感人至深的故事。

附录 依霞而居

仲夏的清晨，空气中弥漫着原野里庄稼与泥土的芳香，登上太尉原顶、向着东方眺望，在那乡间公路的尽头我第一次看到了乔村这个与我的蓝田之行有着密切联系的古老村庄，初升的朝霞将田地与道路染得一片金红，霞光的正中是安宁质朴且蕴含着庄重的乔村。瞬间，我觉得它就是霞的故乡、是霞的家，万道霞光从它的怀中飞出照亮了大地；又好像这满天美丽云霞竟是一幅鲜红的屏幔拥托着古老的村庄，令它有所依而更坚实。那些依霞而居的人们就是让我衷心感激又敬重的北宋吕氏家族后人。

2006年，因为对蓝田北宋吕氏家族墓园的抢救性考古发掘让我认识了乔村、结识了那些吕氏后裔。考古队住在著名的蓝田北宋吕大临四兄弟及家人墓园所在的五里头村，东北距乔村仅六里之遥，这片墓园是乔村人老幼皆知的先祖先茔所在，每当新年来临，乔村人便来此祭拜祖先。明烛纸钱、袅袅轻烟中寄托了他们的虔心祝愿与祈福。可如今这里将成为考古工地了，当临时围墙圈起、当第一锹土铲出之时，我心深处便有些许不安、些许歉疚，从感情上不知乔村人能否接受、包容和理解。开工一周、一个月、一年，这种担心始终在我心头萦绕，如果他们抱怨、扰乱、阻止考古发掘，我完全可以理解这种情感，对此也做好了充分的思想准备。但是，忙碌中整整三年一晃而过，墓葬群和墓园兆沟的发掘已结束，工作中遇到很多挫折、很多人为因素导致的困难，但吕氏家族后人却自始至终没有出现，这让我颇感意外、暗中庆幸，毕竟是近千年呀，这样长的路走下来也许亲情已然疏淡，倒是我多虑了。

吕氏家庙遗址位居小学校中，必待暑假方可发掘，利用这段间隙恰好整修一番。于是，隆冬季节我们告别了太尉原的凛冽寒风、告别了遥望中的乔村回到了久违的都市，那深藏我心的一片歉意也随着现代生活的绚丽色彩而变得若隐若现淡薄缥渺了。

当盛夏的炎热达到顶峰、万物在烈日笼罩中喘息不止时，我们又重新回到了五里头村开始家庙遗址的发掘。首先听到的消息令人震惊不已，原来乔村吕氏后人在我们离开后的新年第一天举行了大规模祭祖活动，三辆客车与卡车浩浩荡荡开赴先祖墓园，一番祭典后庄严礼拜，村主任凝重捧起一撮黄土裹入红绸中在众人簇拥下缓缓返回，这不是一包黄土，分明是祖上的身躯和灵魂、是后世子孙孝敬感恩的一片诚心！从此乔村村头立起了四块石碑，吕氏四贤又回到了自己的祖宅，依着朝霞，向着生养他们的皇天后土，永远佑护和陪伴着繁衍不息的子子孙孙。

一种深深的自责咬噬着我的心，这本该是我们做的事、是国家替吕氏后人做的事，我却揣着侥幸之心忽略了、误会了，而这个深明大义的家族却用默默地服从、宽容、谅解支持了考古工作，捍卫了国家利益。如此质朴的人群、如此高洁的品格，舍此何求？他们不愧是吕氏先贤的嫡传血脉、不愧是玉之王国的一方无瑕璞玉。

传说上古女娲补天后剩下几块五彩石头，清晨路经蓝田时看到红霞映衬中的碧水青山壮美雄浑，引发无限爱慕，便将彩石种于山上，从此这山中便盛产美玉，“蓝”即为美玉之意，蓝田亦因玉而闻名。一千年前，一个名为吕通的人千里迢迢路经蓝田，“因爱蓝田山水”而举家迁徙于此，这便是吕氏四贤的祖父。他们在蓝田定居生活、讲学传经、教化百姓、礼束乡民、兴修水利，深得百姓爱戴，其道德品行如朝霞一般光明磊落、如蓝田美玉一般晶莹无瑕。如今的吕氏后人也同先祖一样承袭了这不变的朴实纯粹，高义厚德。真是不到玉乡不知玉之品格、不知玉之高洁。

现在，吕氏家族墓园的考古发掘已近尾声，原址上我们也要立一块碑，永远纪念吕氏先贤在中国礼学、金石学、古器物学领域的突出贡献；永远纪念他们及其后世子孙对中国考古学的突出贡献；永远铭记他们的名字、他们的品行。

汉水之魂

——襄渝二线考古调查随笔

每次穿越秦巴山脉都让我感到由衷震撼，那气势雄伟的高大山峰、青石叠交的峭壁断崖、水雾迷蒙的深涧幽谷，处处体现着豪迈、磅礴，是阳刚的化身，也是北方大地的精魂。在这崇山峻岭之间，有一条铁路跨鄂、陕、川、渝三省一市，越秦巴山脉，沿汉水而直抵重庆，将大山的纯朴、文明的气息源源不断地输送到途经的城市乡村，那就是襄渝铁路。为了彻底解决西南地区北上之通道，加修襄渝二线是国家“十一五”期间重点工程，受陕西省铁路设计院委托，陕西省考古研究院于2011年8月14日至8月20日对该线路沿途文物点进行考古调查，我有幸参与了这项工作。

经过一天的车程，黄昏时分到达了位于汉水中游的白河县，由此开始，逆汉水而上，有十一处古代遗迹需调查落实。所以，秦巴山脉不但壮丽雄浑、物产丰富，其深厚的文化底蕴更令人惊叹不已！这里有距今五十万至五万年前的洛南花石浪旧石器人类遗存，在它的废墟上我们找到了人类起源的根；距今七千年的西乡李家村前仰韶文化是汉水上游新石器文明的典例；汉阴阮家坝遗址揭示了七千年来汉水上游新石器至夏商文化的发展脉络；紫阳白马石遗址的发掘提供了三千年前巴蜀文明在汉水上游留下的史迹。汉唐以来，不同历史时期的古城镇、古建筑、古墓葬遗迹，都反映出大山里文明的悠久历史，而沿途陡峭石壁上星点分布的崖墓更是秦巴山文化闪光点。

翌日清晨，汽车沿着蜿蜒的山间公路，追随着时隐时现的铁路线艰难行进，我们要去的白河县金銮乡冷水镇月儿潭汉唐墓葬群是重点调查对象之一。山路狭窄坎坷，当车不能通过时，队员们便拎起挎包踏上了杂草丛生的小径。大山里迷漫的潮气在八月骄阳照射下如笼中蒸汽一般闷热异常，路旁的草木纹丝不动，一片寂静中只有同伴的喘息声，汗水顺着脸颊、脖颈小溪般流淌，翻过山梁看到路线时每个人已是汗透衣衫。在群山环抱的苍翠山坳里、农田与村落之下，隐匿着这片墓葬群，没有坟丘、没有标志，一千多年的时光已经磨灭了埋葬在这里的先民们留下的所有地面遗迹。顾不上休息，在汗流浃背中我们踏查了墓地周边，确定了勘探范围，使用GPS卫星定位并测量高程后标注于图纸上，系列工作结束后大家不禁深深吁一口气。看来汉、唐时期汉水流域丧葬习俗与关中地区吻合，仍为竖穴或洞穴埋葬方式。下一步的考古勘探将使墓地资料更加完备，为保护提供坚实基础。千百年来，这山山水水养育了先民，延续了文明，又成为生命的最终归宿。衷心希望昂扬的汽笛声不要惊扰地下亡灵沉沉的梦乡。

紫阳是汉水上游一个美丽的地方，以盛产茶叶而闻名。古时因靠汉江，水运便利而成为深山里的商品集散地。如今公路、铁路运输早已取代了古老的船舶，但山城中依然留下了昔日繁华商业的一抹余辉。这里的调查工作结束后，我们专程参观了紫阳清代西北五省商会会馆故址。它建于任河与汉江交汇处的小镇上，驻足远眺，青山绿水托衬着小镇里粉墙黛瓦的房舍，青石铺垫的道路，古朴中透出无限恬静。一条悠悠颤动的索桥横跨河面，桥头便是会馆南门，三进院的建筑坐落于河南陡立的岩岸上，走进大门，两株合抱粗的丹桂将浓荫撒得满院皆是，高台大堂上四壁绘满精工制作的三国故事图，虽历百年沧桑而光彩依旧，是难得一见的壁上丹青。如今，在省文物局主持下，一群中外文物保护专家正在脚手架上辛勤工作。陪同我们参观的那位年轻的地方文物工作者，侃侃谈着保护计划，谈着未来古镇的复原，从他眼中我看到了信心、热情、敬业，他们是大山里文明的守护者，也是我们事业的希望和未来。

调查的最后一晚宿在一个小山村里，这儿出人意料的富足安宁，瓜藤花蔓掩映着竹篱柴扉，白色农舍旁绿荫婆娑，院中木桌上一壶清茶香气四溢，悠闲恬淡的气氛让我想起桃花源的幸福生活。屋旁有条山上流下的小溪，傍晚时分坐在溪边，将双脚插入清澈的水中，依石仰望着蓝天上静静飘浮的白云，用心去体会水花轻柔地抚摸，一股沁凉之意从足下顿入心田，酷暑、辛劳均随行云流水而远去，留下一片鸟语花香的清明世界。忽然，一阵凉风掠过，打断了如水思潮，原本晴朗的天空已是风起云涌，隆隆的雷声、闪烁的电光揭开了山雨将至天呼地应的壮观场景，瞬间，铜钱般大小的雨点劈面砸来，我们聚在屋檐下惊心动魄地瞠视着倾盆大雨、雷电交加……远近山峦在滚滚乌云中时隐乍现，大雨仍在继续，为了安全，电闸被关闭，一根根红烛照亮了晚餐的饭桌，吃着鲜美的竹笋炒腊肉，品着农家自酿的玉米酒，窗外风雨声、后山竹涛声、门前溪水声相映交融，为这独特的烛光晚宴奏出一首巴山夜雨消魂曲。

第二天雨过天晴，薄纱一般的岚气半掩起挺峻的高峰，使群山显得分外妖娆。告别了七天来与我们形影不离的汉江，告别了穿山越水伸向远方的襄渝二线，踏上北去的归程，大家心中都有几分不舍之意。山地考古调查确实辛苦，但那山水之中蕴藏的自然真谛、文化遗风、人世情怀却令人感悟至深，久不能忘，它们才是这巴山汉水的精髓与灵魂！

结束语

历经两年前期准备，四年田野考古发掘，七年室内资料整理后，《考古报告》与《珍品图录》出版于2018年10月，十三年的辛苦、十三年的努力、十三年的心血终成正果。所以蓝田北宋吕氏太尉原墓园的考古发掘，是我一生参与和主持的众多考古发掘项目中工作周期最长、资料最详尽、出土文物最精彩、涉及古人生活信息最丰富的一次抢救性主动考古发掘，也是给我留下最深刻印象、让我最为动容和全力以赴的项目，同时它也是我考古生涯中主持的最后一个项目。

当一切工作结束之后，我想已尽己所能为这个从事半生的工作画上了句号。但是，当这一切真的完成之后，却有一个想法越来越清晰地提醒着我、督促着我，令我不能放弃而跃跃欲试。这就是对于那段考古生涯的追忆、对于那些出土遗珍的探究、对于那些曾经鲜活的生命的记述。因为《考古报告》具有很强的专业性，作为第一手科学的考古资料，我已经和盘托出，奉献给我的各位同行，也奉献给我热爱的考古事业。

与此同时，我也很希望对考古、对历史文化有兴趣的朋友更多地了解“神秘”的考古，并通过出土的丰富文物更多地认知古代社会生活的方方面面以及中华民族源远流长的传统文化。更希望通过诸多墓志文字的真实记载，赋予那些九百多年前已隐匿在冰冷石刻中的人物以鲜活的形象、温暖的生命力，向现在的人们讲述那悠远的历史故事。

于是，这本《繁华重生——考古蓝田北宋吕氏家族墓园》便应运而生。需要说明的是，书中所记皆为我的真实考古经历，所涉及的文物亦是由考古发掘而出，每一个蓝田北宋吕氏人物故事都具有墓志铭文和相关文献记载为凭证，并非杜撰。

当写完了所有想要告诉大家的内容之后，已是仲春时节，阳光明媚、草长莺飞，已经释怀的内心如这阳春三月一般明静而欣然。其实我写此书并无杂念索求，只为那久已徘徊在心中的一个心愿，那就是对先贤的敬仰之情，对吕氏后人支持的感激之意。

张蕴

于壬寅年春日